हिन्दी का नया जनक्षेत्र

सुधीश पचौरी

वाणी प्रकाशन

वाणी प्रकाशन
4695, 21-ए, दरियागंज, नयी दिल्ली 110 002
शाखा
अशोक राजपथ, पटना 800 004
फ़ोनः +91 11 23273167 फ़ैक्सः +91 11 23275710
www.vaniprakashan.in
vaniprakashan@gmail.com
sales@vaniprakashan.in

HINDI KA NAYA JANKSHETRA
by Sudhish Pachouri

ISBN : 978-93-5000-781-5
Media/Literature

प्रथम संस्करण 2012
आवृत्ति 2018

मूल्य : ₹ 495

सिटी प्रेस, दिल्ली-110 095 में मुद्रित

वाणी प्रकाशन का लोगो मक़बूल फ़िदा हुसेन की कूची से

भूमिका

हिन्दी का नया मानचित्र बन चला है। यह सिर्फ भाषा के लिखित रूप का नया मानचित्र नहीं है, बल्कि उसमें हिन्दी के तमाम वाचिक रूप, दृश्य-श्रव्य माध्यमों में बनने-बरते जाने वाले निरन्तर परिवर्तनशील रूप एवं साइबर स्पेस में नागरी या रोमन में बरती जा रही हिन्दी शामिल है।

आज एक ही वक्त में, हिन्दी न केवल स्तरीय साहित्यिक हिन्दी है बल्कि वह नये माध्यमों में सर्वाधिक दखल रखने वाली हिन्दी है। उसे बनाने में एक ओर नये ग्लोबल बाजार और माध्यमों का हाथ है बल्कि उदारीकरण के फलस्वरूप राष्ट्रीय-अंतरराष्ट्रीय स्तर पर अनिवार्य संवाद-संचार के कारण पैदा हुई रूप एवं विन्यास तरलता है। यह हिन्दी भाषा का सबसे तीव्र गति युक्त संक्रमण युग है।

इस प्रक्रिया में हिन्दी समाज की पहचान के प्रश्न भी उभरे हैं और हिन्दी आखेटित भी हुई है। तो भी, हिन्दी समाज के अपने बहुत फैले फूटे, असंगठित और उदार व्यवहार के कारण, हिन्दी भाषा के प्रति प्रश्न बहुत तीखे नहीं हुए हैं। एक बड़ी भाषा को अनुदारता शोभा नहीं देती।

'भाषा बहता नीर है' कबीर की यह उक्ति आज जितनी सच है उतनी कभी नहीं रही होगी। हिन्दी भाषा सतत संक्रमणशील रही है क्योंकि हिन्दी समाज स्वयं विकासोन्मुख और सतत संक्रमणशील रहा है। नये ग्लोबल अनुभवों में हिन्दी के स्वभाव का 'कच्छप भाव' विदा हो रहा है। यह अच्छा है। विकासशील भाषाएँ अपने में बन्द होकर आगे नहीं बढ़ सकतीं। हिन्दी समाज ने, बिना किसी हिन्दी पंडित के, अपनी व्यवहार बुद्धि से आगे बढ़ने का रास्ता पा लिया है।

भाषाओं के समकालीन संक्रमणों के दौर में भाषाओं के अनेक भाषाओं के सामने संकट हैं। इनकी अध्ययन करने वालों ने 'भाषाओं की मौत' और भाषाओं द्वारा किए जाते 'जीने के प्रयत्नों' पर काफी अध्ययन किया है। इन अध्ययनों में यह पाया गया है कि जिन भाषाओं में विपरीत स्थितियों में 'जिन्दा रहने' का भाव होता है, वे अन्य किसी 'प्रतिष्ठावान' (लैंग्वेज ऑफ प्रेस्टिज) भाषा से बहुत कुछ उधार लेकर अपने को 'सस्टेन' करती हैं। हिन्दी इन दिनों वर्चस्वकारी अंग्रेजी से मिलकर अंग्रेजी के शब्दों को अपना रही है। यह उसकी जीवंतता की निशानी है

कि हिंग्रेजी एक शैली या बोली के रूप में विकसित हो रही है जो महानगरीय या नगरीय पहचान बना रही है। इससे परंपरागत भाषा रूपों में तनाव और अजनबीपन पैदा हो रहा है। मीडिया में और मध्यवर्गीय बातचीत में 'हिंग्रेजी' का दखल बढ़ा है। इसने एक ओर परिनिष्ठित साहित्यिक हिन्दी से अपनी दूरी बना ली है, दूसरी ओर यह नयी पीढ़ी की रोजमर्रा की भाषा बन चली है। हिन्दी में अंग्रेजी शब्द आ रहे हैं। अंग्रेजी में हिन्दी शब्द आ रहे हैं। अंग्रेजी भाषा नीति के तहत हिन्दी आदि के जरूरी शब्दों को शब्दकोश में जगह देती है, हिन्दी के पंडित अंग्रेजी के चालू शब्दों को अब भी 'खतरनाक' मानते हैं।

लेकिन आम हिन्दी जनता ने पंडितों की बात नहीं मानी है। उसने अपनी जरूरी हिन्दी बना ली है। यह बाजार में, दुकान में, भ्रमण में, मेलों ठेलों में संवाद की जरूरत के दबाव में बन रही है।

भाषा में आदर्श स्थितियाँ नहीं हुआ करतीं। वह संक्रमणों में ही जीती हैं। यह एक नया भाषा नैतिक सबक है जो बदलती हिन्दी दे रही है।

इस लेखक ने भाषा के बदलाव को 'शुभ' माना है। पिछले चार-पाँच साल से जब जरूरत पड़ी है, हिन्दी के बदलावकारी रूप के पक्ष में तर्क करते करते यह लेखक इस नतीजे पर पहुँचा है कि अब वे लोग भी इस बदलाव के समर्थक से हो चले हैं जो कल तक इसे स्वीकार नहीं करते थे।

इस बदलावकारी हिन्दी की अपनी समस्याएँ हैं। जरूरत है कि इन पर गौर किया जाए। राजभाषा अधिनियम त्रिभाषा फारमूला के अमल तथा बाजार की शक्तियों के फलस्वरूप जो हिन्दी बनी है, उसका एक व्यापक मानचित्र बनाया जाए। शब्दकोश बने। लगातार अपडेट किए जाते शब्दकोश और व्याकरण व्यवस्था के लिए कोई स्थायी 'भाषा कमीशन' काम करे, ये सवाल आगे के हैं।

एक दर्जन हिन्दी भाषी राज्य हैं। आधे सांसद हिन्दी क्षेत्रों से आते हैं। आधी से ज्यादा आबादी हिन्दी मातृभाषी है लेकिन वे सब मिलकर ऐसे संसाधन नहीं सोचते जो विकासमान हिन्दी भाषा के कार्यभारों को संबोधित करें। केन्द्र सरकार, विदेश मंत्रालय, राजभाषा समिति तमाम संस्थान हिन्दी भाषा को लेकर नीतिगत कार्य करते रहते हैं। यदि हिन्दी क्षेत्रों की आम जनता, मीडिया, बाजार तथा राजनेता मिलकर हिन्दी भाषा के नये उठते सवालों पर गौर करने के लिए मंच बनाएँ, व्यवस्थाएँ बनाएँ तो निश्चय ही, हिन्दी भाषा को 'अनाथ' भाव से मुक्ति मिल सकेगी। वह एक बड़ी और ऊर्जावान भाषा के रूप में अपनी समस्याएँ भी सुलझा सकेगी।

—सुधीश पचौरी

अनुक्रम

हिन्दी का अखिल भारतीय आइकन

'कौन बनेगा करोड़पति' के प्रसारण में बाधा पड़ सकती है। कोई दस फिल्में देर से पूरी होंगी। इनमें निर्माताओं का 270 करोड़ रुपया लगा है। कई ब्रांड और उनके लांचों को उसका इंतजार करना होगा। बॉलीवुड का काम टोडा पड़ा है।

करोड़ों लोगों की यही कामना है कि वे जल्द ही ठीक होकर फिर अपने काम पर आ जाएँ। इनमें ज्यादातर वे हैं जो सामान्य लोग हैं और जो उन्हें अपना एक 'आइकन' मानते हैं, अपना हीरो मानते हैं, सुपर स्टार मानते हैं, जिन पर रीझ कर वे बड़े हुए हैं।

जो लोग उनके अस्पताल के आसपास खड़े नजर आते हैं, वे सारे तमाशबीन नहीं हैं। बड़े सितारे, नेता आदि यदि उनके ठीक होने की कामना करते हैं तो उसका कारण भी सिर्फ दिखावटी नहीं है। सबके बीच कहीं न कहीं एक सांस्कृतिक डोर है, जो एक बँधाव, एक लगाव महसूस करती है, जोड़े रखती है। यह अमिताभ का जादू है। बिग बी का जादू। और यह धोखा नहीं है, न बनाया है।

कई पढ़े-लिखे लोग समझते हैं यह मीडिया का धंधा है। अमिताभ की बीमारी को उसने बड़ी घटना बना डाला है। कुछ रेडिकल लोग तो सोचने के आदी ही हैं। इस समाज के मामूली लोगों को कोई नहीं पूछता। बड़े लोगों को ही मीडिया पूछता है। वे आइकन की लीला क्यों जानें?

अमिताभ का अचानक बीमार हो उठना एक सचमुच की बड़ी घटना है। सचमुच की बड़ी। यह तो है ही कि उनके काम पर बड़ी पूँजी का दाँव लगा है। पूँजी को उनके ठीक होकर आने की इसलिए चिन्ता है कि उसका कारोबार चल सके। लेकिन अमिताभ सिर्फ कमाई का नाम नहीं है; न सिर्फ तमाशे का नाम है। वह मनोरंजन के महाउद्योग में हिन्दी की एक उदात्त, सुसंस्कृत, और मानवीय चेहरे का नाम है। वे हिन्दी का अखिल भारतीय आइकन हैं। सच तो यह है कि वे हमारे बॉलीवुड का एकमात्र टिकाऊ ग्लोबल चेहरा है। भारतीय पॉपुलर कल्चर का बड़ा आइकन है, एक बड़ी देवमूर्ति है। देवता को परम मानते हैं। उसमें हम अपनी भावनाओं का निवेश करते हैं, क्योंकि उसमें कुछ बड़े गुण होते हैं, जिनसे वह हमारी भावनाओं का आलम्बन बनता है। अगर आइकन को जरा-सी भी लचक आती है तो उसके

चाहने वाले को तकलीफ होती है। अपने आइकन के साथ फैन यानी प्रशंसकों का यही पजेसिव होता है। इसलिए वे लोग भी जो अस्पताल में उन्हें देखने नहीं गये, जो असंख्य हैं, वे भी इस इंतजार में हैं कि कब वे अपनी बैरीटोन गुरु-गम्भीर आवाज में 'कौन बनेगा करोड़पति-द्वितीय' खिलाने आयें। आइकन की उपासना की कामना ऐसी ही होती है।

तमिल में एमजीआर, शिवाजी गणेशन और आंध्र में एनटीआर ऐसे ही आइकन हैं। ये आइकन क्षेत्रीय आइकन ही रहे तो भी इनके लिए जान देने वाले कम न रहे। इनके लिए लोग आग पर चलते। आत्महत्या तक कर डालते। यह बावलापन नहीं होता। एक आइकन को आप हारी बीमारी से परे मानते हैं, वह हर तरह से 'सुपर' होता है। अपने अभावों को आप उसमें नहीं देखना चाहते। वह आपका सपना, आपकी कामना होता है। अमिताभ हिन्दी क्षेत्र का सबसे बड़ा आइकन है। राजनीतिक आइकनों से अलग एक मनोरंजनकर्त्ता, एक सांस्कृतिक मूल्य संजाल का प्रतीक! अमिताभ को उन्नीस सौ बयासी में 'कुली' की शूटिंग के दौरान पेट में चोट लगी थी। वह पैंतालीस दिन तक इलाज में रहे, तब भी लोगों ने उनके लिए दुआयें माँगी थीं। उसके बाद उन पर बोफोर्स की छाया मँडराने लगी। वे सबसे पहले व्यक्ति थे जो बोफोर्स की राख से फिर उठ कर खड़े हो गये और इस बार उनका कद पहले से भी बड़ा हो गया। यह सब उनकी फाइटबैक करने की ताकत से, उनके विवेक से सम्भव हुआ। जीरो से वे एक बार फिर हीरो, सुपर हीरो बने और इस वक्त जब वे सबसे महँगे, सबसे बड़े हीरो के रूप में जाने जा रहे थे, चौबीस घंटे में से अठारह घंटे काम करते थे। वे अचानक बीमार हो गये। उन्हें मिलने वाला आदर और प्यार उनका अर्जित प्यार है। कोई धोखापट्टी नहीं।

हिन्दी वाले अब जानने लगे हैं कि आइकन को प्यार करना किसे कहते हैं? वे इसलिए आकुल हैं कि हमारे गंगा किनारे वाले छोरे को क्या हुआ? मीडिया इसलिए उन्हें खबर बनाता है कि उनके बारे में जानने वाले लोग बहुत सारे हैं और अमिताभ के स्वास्थ्य की सबको चिन्ता है। कुछ दिन पहले इस लेखक ने उनके पिता हरिवंश राय बच्चन की कविता को लेकर एक टिप्पणी लिखी जो एक दैनिक में छपी। कुछ दिन बाद अमिताभ की ओर से एक लिफाफा आया, जिसमें उनके पिता का एक बहुत ही अच्छा फोटो था, एक पत्र भी था जो कहता था कि 'आपने हमारे पिता जी की कविता के बारे में जो लिखा है, उसके लिए हम आपके हृदय से कृतज्ञ हैं। हम आपको अपने पिता जी का एक फोटो भेंट करना चाहते हैं कृपाभाव बनाये रखें।' नीचे अमिताभ के पैन से किये दस्तखत थे। वे छपे हुए या फोटोकॉपी मार्का नहीं थे।

यह लेखक अभिभूत हो उठा। किस साहित्यकार का कौन बेटा है, जो अपने पिता की कीर्ति पर इस कदर जान छिड़कता हो? जो आज भी कहता हो कि मेरे

पिता बहुत बड़े थे। मैं तो उनके आगे कुछ भी नहीं। जो इतना मॉडेस्ट हो, विनीत हो। जो इतना सभ्य हो। एंग्री एंगमैन से लेकर करोड़पति के फैमिली रक्षक की तरह, सबको पैसा देने वाले बड़े भाई की तरह, मददगार की तरह। जरा करोड़पति में उनकी हाजिरजवाबी देखें। उनके सम्प्रेषण के तरीके देखें। हिन्दी की बातचीत देखें। करोड़पति में बहुत कुछ अनलिखा ही होता है, जिसे अमिताभ लगातार अपने आप सम्भव करते हैं। ऐसी हिन्दी तो हिन्दी के साहित्यकार तक नहीं बोल पाते। एकदम प्रांजल, सटीक वाक्य विन्यास वाली। आजकल छुटभैये हीरो-हीरोइनों की तरह वे अँग्रेजी नहीं हाँकते जबकि वे उससे भी बेहतर बोल सकते हैं। मनोरंजन उद्योग में लोग हिन्दी की खाते हैं, लेकिन अँग्रेजी गाते हैं। अमिताभ हैं कि हिन्दी की गाते हैं, वे कल्चर्ड ग्लोबल नागरिक हैं।

हिन्दी के प्रसार में किसी वक्त में लता, रफी, मुकेश, मन्ना डे की जैसी भूमिका रही, आज वैसी ही भूमिका अमिताभ बच्चन की है। हिन्दी वाले इसलिए उन पर मरते हैं, मीडिया उन पर मरता है और बाकी के इसलिए मरते हैं, क्योंकि अमिताभ उनके लिए भी गैर मामूली हैं। वे दुनिया भर के लोगों के चहेते हैं।

ऐसे अमिताभ को क्यों बीमार होना चाहिए? अगर हुए हैं तो उन्हें जल्द ही ठीक होना चाहिए। उन्हें ठीक होना है, होना ही होगा। वह स्फिंक्स की तरह हैं जो अपनी राख से फिर-फिर उठ खड़ा होता है। एक बार अतीत में वे उठ खड़े हुए हैं। एक बार फिर वह उठ खड़े होंगे। उन्हें हमारे बीच अभी बहुत कुछ करना है।

यह लेखक भी बहुत लोगों के संग एक कामना करता है कि अमिताभ जल्दी ठीक हों और फिर अपनी लीला में लग जाएँ।

4 दिसंबर, 2005

पापी पेट का सवाल और हिन्दी

जो हिन्दी बन रही है वह गजब की संचारात्मक भाषा है। वह सिर्फ साहित्यिक नहीं है, वह मूलतः 'कम्युनिकेटिव हिन्दी' है। सम्प्रेषण मूलक हिन्दी है। साहित्यकार किस्म के लोग हिन्दी के इस रूप को पसन्द नहीं करते।

इसमें न तो व्याकरण का ध्यान रखा जाता है, न शुद्धता का, वर्तनी की तो ऐसी की तैसी ही की जाती रहती है...उसमें हिन्दी कहाँ है? उसे हिंगलिश ही कहा जा सकता है। वह बाजारी है। हिन्दी नहीं कहा जा सकता। ऐसी शिकायतें आये दिन सुनने को मिलती हैं।

हिन्दी का साहित्यकार अपने 'चिर रोदन' के लिए सुख्यात रहा है। उसे आज जन-भाषा पसन्द नहीं थी तो अतीत में भी कभी नहीं थी। पुराने सारे साहित्यिक दिग्गज हिन्दी के किसी एक रूप को दूसरे से ज्यादा जरूरी बता-बताकर बहसें किया करते थे। सितारेहिंद और लक्ष्मण सिंह की बहसें सब जानते हैं। एक वर्ग हमेशा से ऐसा रहा है जो हिन्दी को संस्कृत के खूँटे से बाँधकर पालना चाहता रहा है, दूसरा वर्ग उसे व्यवहार की भाषा की तरह मानता रहा है। आज के संचार-सूचना चालित युग ने इस बहस का फैसला ही कर दिया है। अब हिन्दी की शुद्धता-अशुद्धता के सवाल व्यर्थ हैं। भाषा वो जो सम्प्रेषण कर सके। भाषा वो जो ज्यादा-से-जयादा चल सके। नाना कारणों से इस दौर में हिन्दी को यह दरजा मिल गया है। इनमें सबसे बड़ा कारण भूमंडलीकरण है। बाजारीकरण है। हिन्दी में बाजारीकरण को लेकर बहुत चिल्लपों होती रहती है। जो ज्यादा चिल्लपों करते हैं उनके भी दाम बाजार में तय होते हैं। जब तक मामला राजभाषा कानून तक रहा, हिन्दी का विरोध लगातार होता रहा। तब तो ऐसा बाजार नहीं था। हिन्दी तब हर दूसरी भाषा को अपनी दुश्मन नजर आती थी। अब नहीं आती। खुले बाजार ने इस सांस्कृतिक भेद को उसकी सीमा दिखा दी है। अब हर आदमी हिन्दी मित्र होना चाहता है।

कुछ पहले एक चैनल पर मलयालम भाषा सम्बन्धी रिपोर्ट आयी। मलयालम भी इन दिनों मिंगलिश बन रही है, यह बात उसमें स्वीकारी गयी। लेकिन वहाँ कोई चीख-पुकार नहीं दिखी। बदलाव को एक सहज प्रक्रिया की तरह बताया गया। कारण बताया गया कि अगर मलयाली भाषा वाले को आगे काम ढूँढ़ना है तो अँग्रेजी आनी

चाहिए। देखते-देखते त्रिवेंद्रम आदि बड़े नगरों में अँग्रेजी भाषा को बोलना सिखाने वाले सेंटर खुल गये। मलयालम मिंगलिश बनने लगी। रेपिडैक्स भी अरसे से चलन में रही। मलयालम सीखी लड़कियाँ इस तरह अमरीका, यूरोप की नर्सिंग सेक्टर की नयी माँग पूरी करने योग्य होने लगीं।

जो भाषा रोजी-रोटी नहीं दे सकती, उसे रट के कौन जिएगा? मातृभाषा है, घर आँगन की भाषा है, लेकिन अगर वह रोजगार में मदद नहीं कर पा रही तो जो भाषा मददगार हो वही चलेगी। साहित्यकार चाहे कुछ कहें, एक दिन वे भी बदल जाने हैं, वरना उनका लिखा जो दो-चार पढ़ते हैं, वे भी नहीं पढ़ेंगे। क्यों पढ़ेंगे? समाज का बदलना भाषा का पहले बदलना है, बल्कि कहना चाहिए कि समाज सबसे पहले अपनी भाषा में ही बदलता है। समाज बदल रहा है, आप वहीं के वहीं रहना चाहते हैं तो रहिए। समाज बदलेगा। समाज वैसा चाहता है।

हिन्दी के शुद्धतावादी साहित्यकार ये सोचें कि जो हिन्दी वे पढ़ते-पढ़ाते हैं, उसमें काम के कितने अवसर सम्भव हैं? रोजगार की कितनी सम्भावना बनती है? हिन्दी की भक्ति भी तभी सम्भव हो सकती है, जब हिन्दी रोजगार दे सके। यदि साहित्यिक हिन्दी रोजगार नहीं दे सकती तो उसे बदलना है। आप साहित्यकारों की हिन्दी कविता-कहानी की हिन्दी, आलोचना की हिन्दी और टीवी को छोड़िए सिर्फ अखबारों की हिन्दी की तुलना करें। आपको जनता की हिन्दी मिल जाएगी।

साहित्यकार को इस बात से ज्यादा मतलब नहीं कि जो वह लिख रहा है उसे कोई पढ़ेगा? वह तो भविष्य के लिए लिखता है न! वह तो कम से कम पाठकों को समझाने में ही अपनी महानता समझता है, सब समझ गये तो उसे कौन पूछेगा? सो ऐसे महानुभाव हैं जो सीधी सी बात को कठिन बात की तरह प्रस्तुत करते हैं। अब अगर उनकी हिन्दी नहीं चलती तो कोई क्या करे? अखबारों की हिन्दी चलती है तो क्या बुरा है? जिस हिन्दी ने रोजगार दिया उसने बदलकर ही दिया न! हिन्दी के साहित्यकार अपनी साहित्यिक मीनारों से जरा नीचे आयें तो उन्हें पहला सवाल हिन्दी समाज में विराट् बेरोजगारी के मैले-कुचैले चेहरे में खड़े जन-जन के माथे पर लिखा मिलेगा। यह यथार्थ आपसे पूछेगा श्रीमान कि आपने क्या कभी हिन्दी जनता के रोजगार के सन्दर्भ में सोचा? क्या हिन्दी भाषा में रोजगार बढ़े, इसके बारे में सोचा? उसके लिए कुछ किया? एक लेख भी लिखा? भाषा और रोजगार के मसले पर कोई चर्चा के रास्ते खोजे? सरदार पूर्णसिंह ने देशभक्ति के जमाने में 'मजदूरी और प्रेम' लिखा था। आप 'हिन्दी और रोजगार' लिखिए न!

जी नहीं, आपने उसे सिर्फ आत्मानुभूति की अभिव्यक्ति की भाषा समझा और अपना रोना दूसरों के नाम से रोते रहे और जितना दुःख आप दिखाते हैं उससे ज्यादा झेलकर तो आदमी जिन्दा रह जाता है और फिर भी जिन्दगी को तलाशता रहता है। आपने कभी उसकी मदद की? हिन्दी भाषा में रोजगार बढ़े, इस सवाल को समग्रता

में जरा भी देखा? हिन्दी की इतनी संस्थाएँ हैं, सम्मेलन हैं, सभाएँ हैं, संगठन हैं, वे साहित्यकारों पर बात करते हैं, उनकी कृतियों पर बात करते हैं। अच्छा है करें। यह भी जरूरी है। लेकिन क्या हिन्दी पढ़कर रोजगार कैसे मिले, इस पर सोचा? रोटी, पेट की भाषा कैसे बने, इस पर सोचा? सर जी। नहीं सोचा, न सोचना चाहते हैं। हिन्दी का उद्धार तभी होगा, जब आप हिन्दी को पापी पेट से जोड़ दें।

बचपन में अपने शहर हाथरस में एक मजमा लगाने वाला अक्सर एक बच्चे को 'हिपनोटाइज' सा करके उससे सवाल-जवाब करता था। वह हर सवाल का जवाब बड़े मजेदार ढंग से दिया करता था। जब पूछा जाता कि इनके कितने बच्चे हैं तो बोलता 'पाँच...मगर' कहकर संदेह का वातावरण बनाता। मजमेबाज जमूरे से पूछता कि मगर क्या? बोलता : तूने सही बताया। मगर क्यों लगाया तो वह पूछता बताऊँगा तो बाबूजी मारेंगे? वो बाबूजी से पूछता और फिर कहता कि हैं तो पाँच लेकिन दो की गारंटी नहीं...। हँसी फूट पड़ती। मजमा मजेदार हो जाता। उसके दंतमंजन की मारकेटिंग का वातावरण बन जाता। मजमा जब अपने पीक पर होता तो मजमेबाज एक मार्मिक सवाल जरूर करता : जमूरे जब तू सब कुछ जानता है तो इस सड़क पर मिट्टी में लेटकर जमूरा क्यों बनता है, जा कलट्टरी का इम्तहान दे। पास हो जाएगा।

तो जमूरा कहता : उस्ताद ये पापी पेट का सवाल है। इसे न पूछो सो ही ठीक। तो सर जी हिन्दी भी पापी पेट का सवाल उठाती है। कभी थोड़ा सोचें और तब उसके बदलते रूप पर टिप्पणी करें!

18 नवंबर, 2005

किताब, मीडिया और मारकेट

समकालीन मीडिया न केवल मारकेट से संचालित है, बल्कि मारकेट को भी संचालित करता है। इसके अनेक स्तर और रूप हैं। बहुत सरल ढंग से विज्ञापनों को लोग मारकेट का पर्याय मान लेते हैं, जबकि मारकेट को पढ़ने वाले लोग जानते हैं कि विज्ञापन मारकेटिंग का एक माध्यम है, पर्याय नहीं। हिन्दी के रचनाकार इस मर्म को नहीं जानते। वे मारकेट की बारीकियाँ, उसकी नेटवर्किंग की जटिलताएँ जाने-समझे बिना विरोध में बस एक कमजोर-सी नैतिक फुफकार प्रकट करते रहते हैं। इससे हिन्दी जगत में, उसके समस्त बौद्धिक कारोबार में एक ओर एक स्वभाविक किस्म का अनाड़ीपन और दूसरी ओर लूट की छूट का तंत्र विकसित हो चला है। इस मर्म को समझने के लिए विगत सत्रहवें अन्तर्राष्ट्रीय पुस्तक मेले की कुछ झाँकियों को एक बार याद किया जा सकता है।

हिन्दी के प्रकाशकों के स्टालों पर नयी पुस्तकों के लोकार्पणों का सिलसिला जिस तरह से चलता है, उसमें एक आदिमकालीन मूढ़ मासूमियत और फ्री की पब्लिसिटी का उचक्कपन एक संस्कृति की तरह विकसित हो चला है। इसमें रह-रहकर मारकेटिंग के उठने वाले सवाल समझे जाने नहीं जाते। हर आदमी एक निजी मूर्खता में खुश रहता है या क्या होता है पता नहीं। कोई यदि लोकार्पण के अनुभवों को लिखे तो वह बढ़िया प्रहसनमूलक चीज जरूर बनेगी।

ओह! कार्ड छप चुके हैं। बाँटे जा चुके हैं कि अमुक स्टाल पर शाम के पाँच बजे फलाँ जी की फलाँ किताब का लोकार्पण होगा। हिन्दी के फलाँ वरिष्ठ लेखक उसका लोकार्पण करेंगे। ऐसे कई कार्ड लगभग एक ही समय में कई-कई किताबों का लोकार्पण बता चुकते हैं। अब पाँच बज गये हैं। न वरिष्ठ जी का पता है, न कनिष्ठों की खबर। सब पता नहीं क्यों किताबों के बीच बस टहल रहे हैं। सबको मालूम है कि अभी टाइम है, हो जाएगा यार! अपने को क्या? हिन्दी के 'पुस्तक प्रेम' को लेकर बेहाल हो उठने वाले लेखक मन एक शून्यवादी मूर्खता को चिंतन मानकर घूमता है।

अब बेचारा आठ बाई आठ के स्टाल वाला किसी तरह छीन झपटकर वरिष्ठ-कनिष्ठ को पकड़ता है। उस जरा सी जगह में कई लोग भयानक असुविधा

में भी बैठने लगते हैं। उकड़ूँ से, घिचपिच करते हुए, अरे भई हिन्दी के लिए जी रहे हैं। अब इतना तो सहना होगा... अब किताब की चमकते कागज में बन्द दो प्रतियाँ लायी जाती हैं। लेखक का सबसे सुनहरा क्षण सामने है। वरिष्ठ जन उसका फीता आदि खोलते हैं जो आजकल आसानी से खुल के नहीं देता। टेप वेप लगे होने के कारण, वृद्ध हाथ उसे बस किसी तरह दो तीन की मदद से फाड़फूड़ डालते हैं। किताब को हवा लगायी जाती है और साहब जिस किताब को किसी ने नहीं पढ़ा होता, उस पर ऐसे कुलाबे भिड़ाए जाते हैं कि विशेषणों का बोर करने वाला दुहराव होने लगता है। कैमरामैन क्लिक-क्लिक करता है। सबके मुख पर एक क्षणिक बनायी गयी मुस्कान खिल उठती है।

अब मिठाई के डिब्बे खुलते हैं। असल आइटम तो यही था। निहायत पुरानी अग्रवाल स्वीट मार्का बरफी होती है या उससे भी सस्ते पचास रुपए किलो के लड्डू और सबका मुँह मीठा। जिस तरह पड़ोस में किसी के यहाँ लड़का होता है तो मिठाई बाँटी जाती है उसी तरह। किताब लड़के से कम नहीं हिन्दी वाले के लिए। हिन्दी के स्थानीय पेजों के रिपोर्टर खबर लिखते हैं कि कौन-सी किताब कौन-सा लेखक... उनके पास एक ही दिन में एक जगह सत्रह, एक जगह दस, एक जगह पाँच किताबों के लोकार्पण की लिस्ट है वो दो-चार के नाम तो देगा ही जिससे यारी होगी उसका नाम देगा सो पत्रकार को जरा ध्यान से पूर्वकाल में ही पटाया जा चुका होता है। यह काम लेखक का होता है। जिसे वह गम्भीरता के साथ किया करता है। अब जरा इस लोकार्पणी लीला की परचूनिया इकनॉमिक्स देखिए, तीन सौ चार सौ की मिठाई। प्लस दो सौ रुपए कार्ड के छपने के, किसी वरिष्ठ को टैक्सी आदि यानी हजार-दो हजार में सारी पब्लिसिटी हो जाती है। यह हिन्दी की मारकेटिंग का परचूनिया उचक्का तरीका है। बाजार के इतिहास से देखें तो तकरीबन दो सौ साल पुराना जब कारीगर अपनी चीज को लेकर खुद ही 'पीर, बाबर्ची, भिश्ती' का काम करता था।

यदि यह लोकार्पण ही मारकेटिंग है तो हिन्दी की किताब तो बिक चुकी। उसकी जितनी प्रतियाँ बिकेंगी वो सब लेखक ही खरीदेगा। हिन्दी में किताब की पब्लिसिटी लेखक ज्यादा चाहता है, प्रकाशक नहीं। वो जानता है कि इस कूड़े को ठिकाने लगाने के लिए लेन-देन जरूरी होता है। इन हथकंडों से नहीं। लेकिन लेखक इससे सबक लेता है कि वो तो महान है, उसकी समाज को जरूरत है समाज उसे क्यों नहीं पढ़ेगा? पढ़ता है लेकिन प्रकाशक सही बात नहीं बताता। हिन्दी में तो रचनाकार होते हैं लेखक नहीं होते। जो लेखक होते हैं, वे मीडिया और मारकेट को एक निकम्मी घृणा से देखते है। मारकेट का खाएँगे, लेकिन गालियाँ देकर। वरना हिन्दी का लेखक क्यों कर हुआ? क्रान्तिकारिता का तकाजा है साथी कि जब भी बात करना एक मारकेट को दूसरे मीडिया को एक-एक दुलत्ती जरूर रसीद करना।

तभी इतिहास में तुम्हारा रोल तय होगा। अब इस सीन को कोई किसी एमबीए के विद्यार्थी को बताये और किताब की मारकेटिंग मैनेजमेंट के बारे में पूछे तो वह ठट्ठा कर हँसेगा। हिन्दी का महान हो चुका रचनाकार क्या नजर आयेगा? एक कारटून!

साल में दो पाठक सर्वेक्षण आते हैं जो मीडिया के पाठकों का आकलन करते हैं। उनमें पाठकों की कई श्रेणियाँ बतायी जाती हैं। उनमें प्रमुख हैं 'हैवी रीडर' और 'लाइट रीडर'। 'हैवी' वो जो अखबार पर एक घंटे से ज्यादा लगाता हो। 'लाइट' वो जो पाँच मिनट में या उससे भी कम में देखता हो। लाइट रीडर बढ़ रहे हैं। सारे अखबार इस लाइट रीडर को सम्बोधित कर रहे हैं। यह मीडिया की शिफटिन है। अब जरा हिन्दी के लोकार्पण सीन से तुलना करिए। क्या कभी किताबों के पाठकों की जरूरतों और रुचियों, उनके खर्च करने के स्तर, उनके खाली समय आदि का कोई अध्ययन किया गया? जी नहीं, आज तक नहीं। और आप चाहते हैं कि किताबें बिकें! यह सब सेंत में नहीं होता। अब अगर रेपिडैक्स, रामदेव, ओशो, स्वास्थ्य, ज्योतिष की पुस्तकें बिकतीं हैं तो इसलिए कि समाज को जरूरत है, उनका बाजार है। आपका बाजार कहाँ है भाई? जरा सोचिए विचारिए! यह भी साहित्य का एजंडा है और सबसे बुनियादी है। सेंत में न मीडिया मिलता है, न मारकेट!

12 फरवरी, 2006

हिन्दी के दोयम दर्जे की वजह

जब-जब एनआरएस या आयीआरएस की सर्वे रिपोर्ट आती है अँग्रेजी के अखबार उनके आधार पर अपने को नम्बर एक-नम्बर एक कहने लगते हैं। वे अलग-अलग पैमानों से नम्बर वन नजर भी आते हैं। मगर इस चक्कर में हिन्दी अखबारों के नम्बर एक होने की खबर गायब हो जाती है। नये नेशनल रीडरशिप सर्वे की अच्छी खबर यह है कि हिन्दी के अखबार अँग्रेजी अखबारों से प्रसार में, पाठक संख्या में बहुत ज्यादा आगे हैं। हिन्दी के अखबारों की तुलना में अँग्रेजी अखबार दूर-दूर नहीं बैठते। अब हिन्दी अखबारों के बीच अधिक प्रसार का कम्पटीशन है, अँग्रेजी उनके मुकाबले में हार गयी है। अँग्रेजी मीडिया की सीमाएँ साफ हैं। अँग्रेजी अखबारों की बहस लाखों पाठकों की संख्या तक महदूद रहती है जबकि हिन्दी अखबार एक करोड़ के आसपास की पाठक संख्या के बारे में बात करते हैं। यही बात चैनलों पर लागू होती है। हिन्दी खबर चैनलें हमेशा ज्यादा दर्शक वर्ग बनाती आयी हैं। अँग्रेजी चैनलों का दर्शक वर्ग एक सीमा तक ही बना हुआ है। भाषा के संचार की यह जन सांख्यिकी (डेमोग्राफी) बताती है कि हिन्दी भाषा का सकल बाजार बढ़ा है और उससे मीडिया संस्थानों की कमाई भी बढ़ी है।

इन सबके बाबजूद इस तथ्य और इस अनुभव को बिन कहे नहीं रहा जा सकता कि हिन्दी की हैसियत मीडिया संस्थानों की संरचनाओं में, उनके प्रभाव क्षेत्रों में अँग्रेजी से कहीं दीन-हीन बना दी गयी नजर आती है। जो मीडिया संस्थान अँग्रेजी-हिन्दी दोनों भाषाओं में काम करते हैं, वहाँ यह बात अनुभव की जा सकती है। ऐसा क्यों है? क्या इसे बदला नहीं जा सकता? क्या अँग्रेजी मीडिया अक्ल से इतना ऊँचा काम करता है कि हिन्दी वाला उसकी नकल बन कर रह जाता है। इसलिए उसे उतना रुतबा नहीं मिलता? ये सवाल उठते हैं लेकिन हिन्दी की भौगोलिक और जनसांख्यिक व्याप्ति के उक्त संदर्भ में लगे हाथ यह नया सवाल भी किया जाना चाहिए कि क्या ऐसी बहुत खबरें हिन्दी मीडिया नहीं तोड़ता, जिन्हें अँग्रेजीवाले बाद में उठाते हैं? यदि मनोरंजन के पृष्ठों की सामग्री को छोड़ दें तो हिन्दी अखबारों में और चैनलों में ऐसा कुछ नहीं होता जिसे आजकल अँग्रेजी की सीधी नकल कहा जा सके। हाँ, कुछ अखबारों में अँग्रेजी रिपोर्ट ही की मदद करती नजर आती हैं,

बस। अंग्रेजी तो पेज-दर-पेज फीचर-दर-फीचर पश्चिमी मीडिया से उठाती है। इंटरनेट की दुआ से अब हिन्दी वाले भी बहुत कुछ उठा लेते हैं तब क्या वे अँग्रेजी मीडिया के कर्जदार हो गये? सच, यह है कि जब से हिन्दी जनसंचार की भाषा के रूप में व्यापक हुई, तब से निचले स्तर तक की खबरें हिन्दी भाषा ही बनाती आयी है अँग्रेजी उसका अनुवाद चुपके से करती रही है।

ऐसे में हिन्दी मीडिया जगत को दोयम दर्जे का क्यों माना जाता है? इसके कारण स्पष्ट हैं। पहला तो यही कि मीडिया इन दिनों प्रबंधन क्रान्ति के जिस दौर से गुजर रहा है, डिजाइन और मार्केटिंग क्रान्ति से गुजर रहा है उसे अँग्रेजी वाले सहज स्वीकार कर लेते हैं। हिन्दी वाले रो-रो कर स्वीकार करते हैं। अंग्रेजी में पत्रकारिता और व्यवसाय के बीच कोई ऊहापोह नहीं है, जबकि हिन्दी क्षेत्रों में पत्रकारिता अभी तक आजादी की 'लड़ाई' लड़ती नजर आती है। वह परिवर्तन के प्रति दकियानूस है। हिन्दी के अखबारों की इस समकालीन बढ़त का एक बड़ा कारण हिन्दी के अखबारों में कलर पेजों का, फीचर पेजों का बढ़ना है और शहरी संस्करणों का प्रकाशन है। वे नीचे तक मार्केटिंग करते हैं। नये पाठक बनाते हैं, वे तकनीक प्रिय हुए हैं। कहने की जरूरत नहीं कि पिछले कुछ वर्षों से सर्वे संकेत दे रहे थे कि हिन्दी प्रिंट मीडिया लागतार आगे निकल रहा है। इन दिनों वह करोड़ों में खेल रहा है। उसका सकल फैलाव करोड़ों की संख्या में जा रहा है। यह हिन्दी का अपना सहज भूगोल है। यह बढ़ना है।

मीडिया संस्थान हिन्दी में कारोबार करके अच्छी आमदनी करने लगे हैं। इसका प्रमाण हिन्दी में आने वाले विज्ञापन है। हिन्दी एक बड़ी भाषा होने के कारण कारपोरेट जगत को एक ऐसी भाषा नजर आती है जिसमें विज्ञापन देने से ज्यादा से ज्यादा बड़ी जनसंख्या तक पहुँचा जा सकता है। हिन्दी जगत का यह उपभोक्ता बाजार हिन्दी की ओर कारपोरेट जगत को लालायित करता है। हिन्दी क्षेत्रों ने भी इस अवसर को हाथ से जाने नहीं दिया है। हिन्दी के पठन-पाठन में परिवर्तन देखा जा सकता है। देखते-देखते हिन्दी क्षेत्रों में पत्रकारिता सिखाने वाले अच्छे-बुरे ढेरों संस्थान खुल चले हैं। मीडिया अध्ययनों की भरमार हो रही है। विद्यार्थी पत्रकारिता और जनसंचार के कोर्स करने में दिलचस्पी रखने लगे हैं। हिन्दी अखबारों के दफ्तरों का कायाकल्प होने लगा है। जहाँ-जहाँ हिन्दी जन हैं, हिन्दी अखबार पहुँचने लगे हैं। कुल विज्ञापनों का चालीस से पचास फीसदी तक हिन्दी चैनलों-अखबारों की ओर आता है।

यह हिन्दी के बाजार का, उसकी जनसंख्या की ताकत है जो विज्ञापन खींचती है। यह मामूली बात नहीं, अकेले इस तत्त्व ने हिन्दी की संचार क्षमता को जिस तेजी से बदला, किसी अन्य तत्त्व ने नहीं। इस कारण भी हिन्दी मीडिया जबर्दस्त उभार पर है। यों अभी उसकी पहुँच अपेक्षित संख्या में नहीं है। मगर उसकी विकास की गति तेजतर है। तो भी, हिन्दी की हैसियत अँग्रेजी के मुकाबले कमतर ही नजर

आती है। हिन्दी जमीन पर ज्यादा, लेकिन ताकत में कम, क्यों? कारण हैं–अंग्रेजी ग्लोबल सत्ता की भाषा है, ट्रेड की भाषा है। हिन्दी अभी भारत में भी सत्ता की भाषा नहीं बन पायी है। बड़े ट्रेड की भाषा न होकर वह दुकानदार भाषा ही बनी रह गयी है। वह उपभोक्ता की भाषा ज्यादा बनी रह गयी है, निर्माता की भाषा नहीं बन पायी है उसने अपने को विनिमय की भाषा के रूप में ताकत के साथ पेश नहीं किया है। इसे देख कई लोग कह सकते हैं कि ग्लोबलाइजेशन ने हिन्दी को एक बार फिर पीछे धकेल दिया है। लेकिन यह सही नहीं लगता। इसी ग्लोबलाइजेशन ने एक हिन्दी ग्लोबल जमात और बाजार पैदा की है। हिन्दी मीडिया की घरेलू बढ़त भी यही कहती है कि हिन्दी किसी हद तक निचले विनिमय, विपणन और रोजगार की भाषा बन रही है। भाषा की आर्थिक हैसियत भाषा को राजनीतिक हैसियत और ताकत दिलाया करती है। यदि हिन्दी क्षेत्रों में तेज आर्थिक विकास न होगा, उत्पादकता की दर कम ही रहेगी तो हिन्दी कितनी भी आगे बढ़ ले हिन्दी जनता उसका पूरा लाभ न उठा सकेगी, सो यह समस्या हिन्दी मीडिया की भी है कि वह स्वयं को थोड़ा विकासमूलक बनाये और इस तरह मीडिया एवं विकास को जोड़े। परचूनिया मानसिकता से उबरे। कमाई करता है तो खर्च भी करना सीखे।

3 सितंबर, 2006

हिन्दी एक दिन

हिन्दी में चौंतीस करोड़ मातृभाषी हैं। बोलने-बरतने वाले पाँच-छह करोड़ हैं। एक अरब की आबादी में चालीस करोड़ की भाषा है हिन्दी, तब भी हिन्दी क्यों दीन-हीन दुखियारी-सी दिखती है।

भारत के सबसे ज्यादा बिकने वाले पाँच अखबार हिन्दी के हैं। हिन्दी के सिर्फ एक अखबार की प्रसारण संख्या डेढ़ करोड़ है। इतनी तो सारे अँग्रेजी दैनिकों को मिलाकर नहीं बैठती।

तो भी हिन्दी की कदर क्यों नहीं है? क्यों हिन्दी अँग्रेजी की उतरन लगती है। अँग्रेजी के मुकाबले उसका चेहरा बुझाबुझा रहता है।

भारत के रेडियो, फिल्म उद्योग और टीवी उद्योग में हिन्दी सबसे बड़ी भाषा है। वह सबसे बड़ी कमाई करने वाली भाषा है। अकेले टीवी चैनल एडरेवेन्यू का चालीस से पैंतालीस फीसदी हिन्दी से आता है।

तो भी हिन्दी गरीबनी क्यों है? क्यों हिन्दी वाले को अँग्रेजी वाले से कम मिलता है। अँग्रेजी क्यों चमचम है? हिन्दी क्यों बेदम है।

जब-जब हिन्दी दिवस आता है, हिन्दी की दशा दिशा पर ध्यान जाता है, कुछ सवाल उठते हैं। मरते हैं। हम फिर भूलभाल कर हिन्दी की चिन्दी करने लग जाते हैं।

हिन्दी राजभाषा है। लेकिन राजकाज की भाषा नहीं है। राजकाज की भाषा अँग्रेजी ही है। हिन्दी अनुवाद की भाषा बना दी गयी है।

तो भी हिन्दी है। खूब है। वह एक बड़ी जनता की भाषा है, वह दुनियाभर में सबसे ज्यादा बोली-बरती जाने वाली चीनी भाषा के बाद नम्बर दो की भाषा है। वह गरीब जनों की भाषा है। उसमें अड़तालीस बोलियों का मिक्स है। उसमें इन दिनों तो तमिल, तेलुगु, पंजाबी, अँग्रेजी, अफ्रीकी भाषाओं तक के शब्द आते-जाते हैं। वह सबसे बड़ी रीमिक्स की भाषा है। वह लगातार रोजमर्रा बनती हुई भाषा है।

बहुत पहले वह उपेदश की भाषा की तरह बनी। फिर आजादी की लड़ाई लड़ने वाली, देश को एकजुट करने वाली भाषा बनी। वह नये विकास की भाषा भी बनी।

तब राजनीति बीच में आ गयी, अन्य भारतीय भाषाओं को उसके विस्तार,

उसकी व्याप्ति से खतरा-सा महसूस होने लगा। हिन्दी को कई जगह दुश्मन मान लिया गया। हिन्दी मगर कुछ न बोली, जुबाँ तक न खोली। फिर त्रिभाषा फारमूला आया। फिर राजभाषा अधिनियम आया, लेकिन सरकार ने जब-जब हिन्दी को छुआ, अन्य भाषाओं के कुछ तत्त्वों में उसका उतना ही विरोध हुआ। सरकार ने जितना भला किया, उससे ज्यादा उसका नुकसान हुआ।

तब मीडिया आगे आया। फ्री मारकेट पर सवार मीडिया ने हिन्दी का उद्धार किया। वह उपभोग का माध्यम बनी। चालीस-पचास करोड़ का मारकेट एक भाषा में पकड़ में आता है, बस यहीं सारा खेल हो गया। हिन्दी की तकदीर जग गयी। वह बाजार की भाषा बन गयी। वह अमरीका, यूरोप, अफ्रीका, चीन, जापान, ईरान, इराक, अफगानिस्तान में बाजार बनाने लगी। फिल्मों के रिलीज, कैसेट मारकेट पाने लगे। हिन्दी मनोरंजन के उद्योग की भाषा बनी। यह पुरानी भाषा से अलग थोड़ी खिलंदरी, थोड़ी क्रीड़ा कौतुक वाली मिश्रित भाषा बनी। वह सबसे ज्यादा बिकने वाली फिल्मों, अलबमों, सीरियलों की भाषा बन उठी, विज्ञापनों की भाषा बन उठी, सूचना की भाषा बन उठी।

आज की हिन्दी इसी प्रक्रिया में बन रही है। यह शुद्ध शब्दकोशी साहित्यिक और व्याकरण सम्मत हिन्दी नहीं ही हो सकती। यह संचार और मनोरंजन की हिन्दी है। यह उन्मुक्त हिन्दी है। यह सरकारी हिन्दी नहीं है। वह दलितों, ओबीसीज की भाषा बनी है।

इससे नयी समस्याएँ पैदा हुई हैं। साहित्यकार इसे साहित्यिक नहीं मानते। यह स्तरीय नहीं मानी जाती। और वह भी ठहरकर देख नहीं पा रही कि पिछले दस-पंद्रह साल की तीव्र भूमंडलीकरण की प्रक्रिया में वह किस गति को प्राप्त हुई है। जरूरत ऐसे शोध और अध्ययन की आन पड़ी है जो समकालीन हिन्दी की समस्याएँ समझे, अँग्रेजी सम्मत अन्य भारतीय भाषाओं से अपने सम्बन्ध स्पष्ट करते हुए वह सिर्फ मनोरंजन की भाषा बनकर धन्य न हो, बल्कि हिन्दी में नये ज्ञान के निर्माण की, नये जनसंचार की, नयी जन आकुलताओं की भाषा बने।

1 सितंबर, 2006

खतरे में नहीं है हिन्दी

हर साल हिन्दी दिवस आता है, चला जाता है। हर साल सरकारी दफ्तरों में, स्वायत्त संस्थानों में हिन्दी को लेकर कुछ सभाएँ हो जाती हैं। बैंकों में कुछ बातें हो जाती हैं। पब्लिक सेक्टर संस्थानों में कुछ हिन्दी-हरकत हो जाती है। कवि सम्मेलन टाइप कुछ हो जाता है। हिन्दी की समस्याओं पर चिन्ता कर ली जाती है। हिन्दी राष्ट्रभाषा बतायी जाती है जबकि वह राजभाषा मात्र है और राष्ट्रभाषा राजभाषा में भेद है। हिन्दी प्रेमी लोग उसे राष्ट्रभाषा ही कहते हैं। तकनीकी तौर पर वह भारत की एक भाषा है और राजभाषा होने के कारण उसे केन्द्र सरकार का एक हद तक समर्थन प्राप्त है। पब्लिक सेक्टरों में हिन्दी अधिकारी होता है वह इसीलिए। उनके दफ्तरों में 'हिन्दी राष्ट्रभाषा है', 'हिन्दी में कामकाज करना चाहिए' ऐसे बोर्ड भी लगे होते हैं। कहीं-कहीं महात्मा गाँधी का या अन्य किसी महापुरुष का हिन्दी को लेकर दिया गया वक्तव्य भी लिखा होता है। लेकिन हिन्दी वालों का रोना फिर भी नहीं थमता। हर हिन्दी दिवस पर हर कहीं हिन्दी के बिगड़ते रूप पर विद्वान चिन्ता करते हैं। लोकल प्रतिभाओं को इनाम आदि देते हुए वे दो-तीन बातें कॉमन कहते हैं : 'हिन्दी में अँग्रेजी आ रही है। यह मीडिया ने किया है, बाजार ने किया है। यह हिन्दी साहित्यिक हिन्दी नहीं है। हमारे बच्चे हिन्दी को पसन्द नहीं कर पा रहे हैं। हिन्दी वाले अपने बच्चों को अँग्रेजी स्कूलों में पढ़ाते हैं, और हिन्दी की चिन्ता करते हैं। यह चिन्ता झूठी है, इत्यादि।' ऐसी चिन्ताओं को हर कहीं सुना जा सकता है।

हिन्दी को खतरा पैदा हो रहा है। यह थीम शाश्वत सी बन चली है। लेकिन तथ्य एकदम अलग बात कहते हैं। तथ्य यह है कि हिन्दी लगातार बढ़ रही है, फैल रही है और वह विश्वभाषा बन चली है। उसकी 'रीच' हर महाद्वीप में है और उसका बाजार हर कहीं है। हमारी फिल्मों के गानों के एलबम अमेरिका, अफ्रीका, एशिया, योरप कहीं भी मिल सकते हैं और फिल्में एक साथ विश्व की कई राजधानियों में रिलीज होती हैं। भारतवंशी हिन्दी मूल के लोग दुनिया के हर देश में रहते हैं। और उनकी हिन्दी इस हिन्दी जैसी ही है। कहीं-कहीं उसकी लिपि रोमन है, लेकिन हिन्दी सर्वत्र नजर आती है। चीनी भाषा के बाद दूसरी भाषा हिन्दी नजर आती है, ऐसे आँकड़े कई विद्वान दे चुके हैं। अब तो अमेरिकी प्रशासन अपने यहाँ हिन्दी को सिखाना

चाहता है। भारत में कोई तैंतीस-चौंतीस करोड़ लोगों की मातृभाषा हिन्दी है, ऐसा सन् 91 के सेंसस ने कहा है। 2001 का सेंसस यानी भाषा का नया सर्वे अभी तक नहीं आ पाया है, लेकिन आज की डेट में हम आसानी से उसमें पाँच फीसदी की बढ़ोतरी तो कर ही सकते हैं। यानी आज हिन्दी चालीस करोड़ से कुछ ही कम की मातृभाषा कही जा सकती है। हिन्दी का दूसरा स्तर हिन्दी बोलने वालों का है, जिनकी मातृभाषा हिन्दी नहीं है। हिन्दी की व्याप्ति कितनी है इसका पता इसी बात से चला जाता है कि आप दक्षिणी प्रदेशों में जैसे केरल में हिन्दी को दूसरी भाषा की तरह बरता जाता देखते हैं। आंध्र, कर्नाटक में कन्नड़ के साथ हिन्दी मौजूद है। तमिलनाडु तक में अब हिन्दी का पैसा विरोध नहीं है जैसा कि सातवें दशक में हुआ था। अब तो तमिल सांसद हिन्दी सीखने की बात करने लगे हैं। मीडिया की मुख्य भाषा हिन्दी है। हिन्दी मीडिया अँग्रेजी मीडिया से कहीं आगे है। नये राष्ट्रीय पाठक सर्वेक्षण में पहले पाँच सबसे ज्यादा बिकने वाले अखबार हिन्दी के है। एक अँग्रेजी का है, एक मलयालम का है, एक मराठी का और एक तेलुगु का है। एक बंगला का भी है। हिन्दी के सकल मीडिया की रीच इन तमाम भाषाई मीडिया से कई गुनी ज्यादा है। हिन्दी की स्वीकृति अब सर्वत्र है। ऐसा हिन्दी दिवसों के जरिए नहीं हुआ, न हिन्दी को राजभाषा घोषित करने से हुआ है। ऐसा इसलिए हुआ है कि हिन्दी जनता और मीडिया का नया रिश्ता बना है। यह बाजार ने बनाया है जिसे हिन्दी के विद्वान कोसते नहीं थकते।

मीडिया की हिन्दी संचार की जबर्दस्त हिन्दी है। इतिहास में इतने विकट, व्यापक एवं विविध स्तर के संचार की हिन्दी कभी नहीं रही। वह साहित्यिक हिन्दी रहकर संदेश, उपदेश और सुधार की भाषा भर बनी रही। प्रिंट मीडिया ने उसे एक विस्तार दिया, लेकिन साक्षरों के बीच ही। रेडियो, फिल्मों और टीवी ने उसे वहाँ पहुँचाया जहाँ हिन्दी का निरक्षर समाज रहता है, उसे एक नयी भाषा दी है है जो म्युजिकल है। जिसमें एक से एक हिट गाने आते हैं, जिन्हें सुनकर पैर थिरकने लगते हैं। हिन्दी टीवी के समाचारों से लेकर मनोरंजन की सबसे बड़ी भाषा है। वह इंटरनेट, मोबाइली चैट में आकर गिटपिट की भाषा बनी है। भले उसकी वर्तनी रोमन हो चली हो। वहाँ हिन्दी-अँग्रेजी का नया निराला मिक्स मिलता है। रही कसर एफएम चैनलों की, हिन्दी ने पूरी कर दी है। अब वह तेज गति से दौड़ती हुई फर्राटेदार मनोरंजनक भाषा है जिसमें चुटकुले, मजाक, गम्भीर बातें और संगीत बजता है। इतनी बोली जाने वाली भाषा दूसरी नहीं है। इसका कारण हिन्दी का अपना लचीला स्वभाव है, उसमें दूसरी भाषाओं को समा लेने की अद्भुत क्षमता है। आज उसके कोश में मराठी, गुजराती, पंजाबी, उर्दू, तमिल, तेलुगू, कन्नड़, मलयालम तक के शब्द मिक्स होकर आते-जाते हैं। रीमिक्स की भाषा बनकर उसने सिद्ध कर दिया है कि स्पानी या लेटिनी या अँग्रेजी भाषा के साथ उसकी कोई समस्या नहीं है। वे संग-संग चल सकती

हैं। और यह सब हिन्दी भाषा को एक नयी व्याप्ति देता है, जो अभूतपूर्व है। वह हिन्दी के एक नये जन सांस्कृतिक क्षेत्र को बताता है। जिसमें एक मिक्स करती हिन्दी रहती है, जो शुद्ध नहीं है और जो बात उसके लिए लाभकर रही है। शुद्ध भाषा मरणासन्न हो जाती है। बहता नीर अगर भाषा है तो उसमें बहुत कुछ मिलता रहता है और बहाव उसे साफ करता रहता है, मैला नीचे बैठ जाता है और काम का साफ पानी ऊपर रह जाता है, हिन्दी इस मानी में नयी सफाई लेकर आयी है। साहित्यकार किस्म के लोग इस हिन्दी का खाते हैं, लेकिन इसको दूषित बताते हैं। कारण है उनका सोच अभी तक हिन्दी को किताबी और साहित्यिक मानता है जबकि कोई भी भाषा जनसंचार की भाषा बने बिना आगे नहीं बढ़ती। वह जितना विविध संचार करने में क्षमतावान होगी, उतनी ही बढ़ेगी। उसमें तमाम लोग संवाद करें, ऐसी भाषा आगे ही बढ़ेगी। हिन्दी इसीलिए आगे बढ़ी है और बढ़ रही है। इसके पीछे हिन्दी भाषी जनता की जरूरतों का बल है। हिन्दी जनता सबसे बड़ी उपभोक्ता जमात है। उसे सम्बोधित करने के लिए कॉर्पोरेट दुनिया विज्ञापन हिन्दी में पहले बनवाती है। यही हिन्दी की गुरुत्वाकर्षकता है। वह कॉर्पोरेट के लिए आकर्षक और सबसे बड़ा बाजार देती है। कम्पनियाँ उसमें संवाद करती है। ब्रांड करती हैं। इससे एक विनियम की नयी हिन्दी बनी है। साहित्य भी मरा नहीं है, वह छोटी पत्रिकाओं में रह रहा है। वही उसकी जगह भी थी। साहित्यकार अब संख्या में ज्यादा हैं चाहे वे खराब हिन्दी ही लिखते हों। तब खतरे की लॉबी बनाना क्या तर्कसंगत है। हिन्दी दिवस मनाएँ-न-मनाएँ, कम से कम इस पैरानॉइया से तो मुक्त हों, जो हर वक्त हिन्दी पर खतरा मँडराता देखने का आदी है।

17 सितंबर, 2006

भाषाओं के डर

हिन्दी दिवस बीत गया। इस बीच एक बड़ी मजेदार घटना घटी है। यह हिन्दी भाषा को लेकर नहीं है। कन्नड़ भाषा को लेकर कर्नाटक के स्कूलों में अँग्रेजी की जगह कन्नड़ को अनिवार्य करने के आदेश दे दिये गये। इस पर विवाद होने लगा। जनता का एक बड़ा पक्ष कहने लगा कि कर्नाटक और उसमें भी बंगलोर तो आयीटी उद्योग का गढ़ माना जाता है, वहाँ अगर हमारे बच्चे अंग्रेजी नहीं पढ़ेंगे तो फिर दुनिया के बाजार में स्पर्धा कैसे करेंगे?

इस बीच बेलगाम जिला, बे-लगाम हो गया। बेलगाम में एक बड़ी आबादी मराठीभाषियों की है, लेकिन वहाँ कन्नड़भाषी भी रहते हैं। अब वे कन्नड़ रहें कि मराठी हों इस पर विवाद आ गया है। जाहिर है भाषा का मामला संस्कृति का मामला बनेगा और विवाद लम्बा ठनेगा। दोनों ओर मातृभाषी अपनी-अपनी भाषा को लेकर लट्ठ लिये फिरेंगे। दक्षिण में केरल को छोड़ सभी राज्यों में अपनी मातृभाषा को लेकर बड़ी ममता देखी जाती है। सातवें दशक में हिन्दी को लेकर सबसे ज्यादा विरोध तमिल समुदाय में नजर आया था। तमिल भाषा संस्कृत से पुरानी कही जाती है। उसका साहित्य विपुल है, उसे अपनी पहचान बनाये रखने का हर हक है। उसे लगा कि हिन्दी से उसे खतरा हो सकता है। खतरे की बातें झूठी निकलीं।

पिछले दिनों डीएमके के नेता बोले कि उसके सांसदों को हिन्दी आनी चाहिए। ऐसा क्यों हुआ? इसका कारण हिन्दी की अपनी ताकत है। उसकी संचार क्षमता है। उसकी नयी राजनीतिक बाजारी ध्रुवता है। उसका गुरुत्वाकर्षण है। हिन्दी बोलने वालों की बड़ी आबादी है। वे कई राज्यों में हैं, वहाँ कुछ करना है तो हिन्दी जाननी होगी, ऐसा सब मानकर आते हैं। कॉर्पोरेट बाजार वाले भी इतना जानते हैं कि यहाँ अपना ब्रांड बेचना है तो हिन्दी जानो।

हिन्दी में भी अँग्रेजी को लेकर वैसी चिन्ताएँ हैं जैसी कि कन्नड़ वालों को हैं। उनकी चिन्ता से परिचालित हैं। जब हिन्दी सामने खड़ी होती है तो वे कन्नड़ और अँग्रेजी का फार्मूला रखते हैं, लेकिन जब हिन्दी सामने नहीं होती तो अँग्रेजी से डरते हैं। यह भाषाओं पर ग्लोबलाइजेशन का दबाव है कि अँग्रेजी एक बेहद ताकतवर विश्वभाषा नजर आती है। अँग्रेजी इसी तरह स्वीकृत होती रही तो स्थानीय भाषाओं

को खत्म कर देगी। एक दिन हिन्दी भी खत्म हो जानी है, अँग्रेजी उसे खा जाएगी। इसलिए वे अँग्रेजी की जगह हिन्दी की पुरजोर वकालत करते हैं।

मगर हिन्दी में किसी राज्य ने अभी तक अँग्रेजी को निकालने की जरूरत नहीं समझी तो क्यों? कारण है। हिन्दी इतनी बड़ी भाषा है कि वह इस खतरे को उस तरह से नहीं लेती, जिस तरह से छोटी भाषाएँ लेती हैं। वे डर पर पली भाषाएँ हैं। पहले वे हिन्दी से डरीं और अँग्रेजी की शरण में गईं। अब वे अँग्रेजी से डरकर सिर्फ एक भाषा से काम चलाना चाहती हैं। ग्लोबलाइजेशन में यह कहीं भी तर्कसंगत नहीं लगता। ग्लोबलाइजेशन में कई भाषाएँ एक साथ रहती हैं। द्विभाषी होने से अन्य भाषा का खतरा जाता रहता है।

सातवें दशक में हिन्दी क्षेत्रों में अँग्रेजी विरोधी लहर उठी थी। 'अँग्रेज गये अँग्रेजी जाए' का नारा लोकप्रिय था। यह कुछ दिन तक तो चला, बाद में नहीं चल पाया। क्यों नहीं चल पाया? आज इसे क्यों नहीं अपनाया जाता? इसके कारण जानने चाहिए। एक कारण तो यह है कि हिन्दी वालों को समझ आ रही है कि अँग्रेजी ताकत और पैसे की भाषा है, इसलिए बच्चों को अँग्रेजी जरूर पढ़ानी चाहिए।

दरअसल हिन्दी वाले अपने पिछड़ेपन को दूर करने का एक रास्ता अँग्रेजी की शिक्षा समझते हैं। हिन्दी मातृभाषा है, वह कहीं नहीं जानी है, लेकिन कमाने-खाने के लिए एक भाषा चाहिए वो अँग्रेजी है। इस तरह की माँग जब बढ़ी तो हर शहर में अँग्रेजी के स्कूल खुलने लगे। रेपिडैक्स श्रेणी की किताबें आने लगीं जो अँग्रेजी सिखातीं और खूब बिकतीं रही हैं। आज भी बिकती हैं। वीडियो-सीडी का बाजार भी बढ़ा जो अँग्रेजी सिखाने का दावा करती है।

यदि आप आज अँग्रेजी स्कूलों में जाएँ, फिर विश्वविद्यालयों में जाएँ तो वहाँ संस्कृत तथा अन्य भाषाई विभागों में एक निराशा व्यापी मिलेगी। आप अँग्रेजी के विभागों में जाएँ तो वहाँ की चाल अकड़ी मिलेगी। अँग्रेजी का बाजार भाव बढ़ने से अँग्रेजी पढ़ने वालों के चेहरों पर ज्यादा चमक नजर आती है।

लेकिन हिन्दी भी आकर्षण का केन्द्र बन चली है। उसमें जबसे मीडिया संवाद, रचानात्मक लेखन आदि के नये कोर्स खुले हैं उसका आकर्षण बढ़ा है। हिन्दी अँग्रेजी जितनी भले न हो, शिक्षा के क्षेत्र में अपनी नयी ताकत दिखाने लगी है। अन्य भाषाएँ डरें तो डरें। हिन्दी किसी से डरती नहीं है।

अँग्रेजी को लेकर योरप तक में विरोध है। फ्रांस तक में विरोध नजर आता है। फ्रांस का उदाहरण दिलचस्प है। वहाँ अँग्रेजी शब्दों को हिकारत से देखा जाता है। आप वहाँ अँग्रेजी जानते हैं तो आपको कोई ज्यादा सम्मान मिलेगा, इसमें शक है। वहाँ फ्रांसीसी भाषा पर गर्व किया जाता है, क्योंकि अँग्रेजी एक जमाने में तो बेहद कमजोर भाषा रही है, अँग्रेजी से वहाँ भी झगड़ा है।

समय का फेर ऐसा है कि अँग्रेजी की गड्डी चढ़ी हुई है, इसका कारण इंग्लैंड

नहीं अमेरिका है। तकनीकी क्रान्ति का काम ज्यादातर अमेरिका में अँग्रेजी में ही हुआ और आज चूँकि तकनीकी क्रान्ति सब क्रियाओं की ड्राइवर है, इसलिए एक अन्य न्यूनतम अँग्रेजी जानना जरूरी हो गया है। इसलिए अँग्रेजी की बढ़त नजर आती है।

बहुत पहले बंगाल में वामपंथी सरकार ने अँग्रेजी हटाकर बंगला भाषा को प्राइमरी में अनिवार्य कर दिया, बाद में आदेश वापस लेना पड़ा। बिहार में जब समाजवादी विचारों वाले लालू मुख्यमंत्री थे तो उन्होंने सबसे पहले अँग्रेजी पढ़ने पर जोर दिया ताकि बिहार का आदमी ग्लोबल जगत से संवाद कर सके। लालू के विपरीत समाजवादी मुलायम अँग्रेजी का विरोध करते रहे हैं।

आम जनता अँग्रेजी सीखने में यकीन करती रही है। उसका मानना है कि मातृभाषा तो घर की भाषा है, लेकिन अँग्रेजी बाजार की भाषा है, उसे सीखने से कुछ ताकत मिल सकेगी। आप बुरा मानें या भला, लेकिन यथार्थ यही है। क्या इस सबसे हिन्दी के अस्तित्व को कोई खतरा है? ऐसे डरों का कोई आधार नहीं है। आँकड़े डर को प्रमाणित नहीं करते। हिन्दी लगातार बढ़ रही है। अँग्रेजी तक में शामिल हो रही है। अँग्रेजी मीडिया तक में हिन्दी आती-जाती है। हिन्दी का रोमन लिपिवाला रूप भी बन रहा है। अखबारों में, इंटरनेट पर, मोबाइल के एसएमएसों में यह खूब दिखता है। हिन्दी का विश्व बाजार बढ़ा है। अमेरिकी प्रशासन अपने सिपाहियों को हिन्दी सिखाना चाहता है। अपने राजनीतिकों को हिन्दी का ज्ञान देना चाहता है। क्या ये बातें कहती हैं कि हिन्दी का भविष्य नहीं है?

हिन्दी को लेकर उठने वाले सारे सवाल उसके आज के विकास से जुड़े हैं, न कि उसके डर से। हम डर से शुरू करेंगे तो कहीं नहीं पहुँच सकते। अन्य भाषाओं का इतिहास डर का इतिहास रहा है, हिन्दी का नहीं रहा। निडर होकर ही वह आगे बढ़ी है। जो खतरा बताते हैं, वे इतना ध्यान रखें कि जब तक किसी भाषा का एक आदमी भी जीवित रहता है, तब तक वह भाषा खत्म नहीं होती। पचास करोड़ वाली हिन्दी एक दिन खत्म हो जाएगी, यह कल्पना बेहद डरे हुए स्पर्धी मन की है। जब अँग्रेजों के लम्बे शासन में हिन्दी खत्म नहीं हुई तो अब कैसे हो सकती है?

लीजिए हिन्दी पर फिर खतरा बढ़ चला है। एक अँग्रेजी कॉलम लेखिका ने हिन्दी को साम्राज्यवादी भाषा बना डाला है जो भारत की अन्य भाषाओं को दबाती है। उसमें वर्चस्वकारी विचारधारा काम करती है। उसे जबर्दस्ती लादा जाता है।

1 अक्टूबर, 2006

हिन्दी की व्याप्ति पर यह खामोशी कैसी?

अगला विश्व हिन्दी सम्मेलन न्यूयॉर्क में जुलाई में हो रहा है, कमेटियाँ बन रही हैं, सब-कमेटियाँ बन रही हैं। विदेश राज्यमंत्री आनन्द शर्मा स्वयं हिन्दीभाषी हैं और इस काम में दिलचस्पी ले रहे हैं, यह अच्छा है। मंत्री के भाषाई मिजाज से हिन्दी के काम में बड़ा फर्क पड़ता है। हिन्दी का समाज बहुत बड़ा है। कोई 33 करोड़ से ज्यादा मातृभाषी सिर्फ देश में हैं। इनमें विदेशों में रहने वाले हिन्दी मातृभाषी शामिल नहीं हैं। देश और विदेशों में 10 करोड़ ऐसे लोग नजर आते हैं, जिनकी बोलने-बरतने की भाषा या संवावद की दूसरी भाषा हिन्दी है। सिर्फ संख्या की नजर से देखें तो यह आँकड़ा आसानी से 43 करोड़ से कुछ आगे का बैठता है। यह हिन्दी का बाजार है। उसका विश्व है। यह उसकी सकल विराट व्याप्ति है। उसका प्रभाव, इस व्याप्ति से भी ज्यादा है।

मनोरंजन उद्योग के ग्लोबल बाजार ने बताया है कि बॉलीवुड की फिल्मों और गानों की धुनों को जो लोग भाषा की दृष्टि से नहीं समझते हैं, वे भी उसकी सांस्कृतिक संरचनाओं के प्रभाव में रहते हैं। वे स्पेनिस, फ्रेंच, जापानी या चीनी बोलने वाले हो सकते हैं, मगर हिन्दी फिल्में पसन्द करते हैं। जाहिर है कुछ हिन्दी शब्द इस बहाने उनके पास रह जाते हैं। अरबी, फारसी बोलने वालों की दुनिया में हिन्दी भाषा अनजानी नहीं है। हिन्दी मनोरंजन चैनलों ने वहाँ भी हिन्दी को फैलाया है। हिन्दी में रहने वाले अच्छे-खासे अरबी, फारसी, उर्दू शब्दों ने हिन्दी को अरब देशों में संवाद योग्य बनाया हुआ है। इस मामले में हिन्दी फिल्मों ने जो काम किया है, वह किसी राजनीतिक दल या आन्दोलन ने नहीं किया। यह मनोरंजन उद्योग का एक खामोश हस्तक्षेप है, जो भाषा के क्षेत्र में हुआ है। हिन्दी भाषा उसमें लगातार अपना जादू दिखाती गयी है और अन्य भारतीय भाषाएँ उसका मुकाबला नहीं कर सकी हैं।

भाषा को लेकर ऊपर जो आँकड़े सरसरी तौर पर दिये गये हैं, वे 1991 के भाषा सर्वेक्षण के आँकड़े हैं। यदि कोई नया सर्वे हो तो वह आसानी से बता सकता है कि हिन्दी की बढ़त कितनी हुई है। हमारे अनुमान से इसे 7-8 फीसदी हुआ तो मानना ही चाहिए। पिछले हर 10 साल में कोई 7-8 फीसदी की दर में हिन्दी मातृभाषियों की संख्या में इजाफा होता नजर आता है। यह बात पिछले दो सर्वे बताते हैं, जो

91 के पहले यानी सन् 71 और 81 वाले हैं। हर दस साल में सर्वे में हिन्दी मातृभाषी 7-8 फीसदी की दर से बढ़ते नजर आते हैं। नया सर्वे अब तक तो आकर पुराना हो जाना चाहिए था, लेकिन न आया, न पुराना हुआ। किसी ने उसके न आने पर ध्यान तक नहीं दिया। इस लेखक ने जब सरकार की एक सूचनादायी वेबसाइट को देखा तो पाया कि वहाँ ऑफिशियली नया कुछ भी नहीं है जबकि 2001 के सर्वे ने समूचे भारत में रहन-सहन तथा जीवन स्तर पर एक सर्वे किया था, जो प्रकाशित है जिसमें कितने घरों में कितना-क्या उपयोग किया जाता है, कितनी आय है, इत्यादि का आँकड़ा मौजूद है, वह भी उपयोगी है मगर उससे भाषागत आँकड़ा नहीं मिलता।

चौथा सर्वे नहीं आया, वह अपने आप में चिन्ता की बात है। इस बीच राजग की सरकार आकर जा चुकी है और अब संप्रग सरकार है। संसद में दो-ढाई सौ सांसद हिन्दी क्षेत्रों के हैं। वे तमाम प्रश्नों पर संवेदनशील रहते हैं, लेकिन हिन्दी भाषा से खासे बेगाने नजर आते हैं। उन्हें हिन्दी को लेकर होने वाली लापरवाहियों की कोई फिक्र नहीं दिखती। उनमें से किसी ने यह जानने की कोशिश नहीं की कि सर्वे नहीं आया तो क्यों नहीं आया! हाँ, पिछले दिनों एक खबर जरूर आयी कि सरकार आगे के सर्वे में बोलियों का सर्वे भी कराएगी! हिन्दी को लेकर बहुत से अन्य भाषाभाषियों का विचार प्रायः रहा है कि हिन्दी कोई भाषा है ही नहीं, उसमें बोलियाँ समायी हैं। हिन्दी एक बोली भर है! कहने की जरूरत नहीं कि हिन्दी को इसके विरोध में काफी संघर्ष करना पड़ा है। हिन्दी राजभाषा अधिनियम इस विवाद को निपटा चुका है। हिन्दी को भाषा न मानने वालों की अब कोई परवाह तक नहीं करता है। हिन्दी एक ग्लोबल भाषा और ताकतवर भाषा है, ऐसा सब मानने लगे हैं। लेकिन लगाता है कि एक बार फिर उसी 'बोली वादी' तर्क जाल को जुटाने की कोशिश की जा रही है। सर्वे का न आना शंका पैदा करता है। पिछले दिनों दक्षिण में कुछ भाषागत समस्याएँ आयी हैं। उनका एक सन्दर्भ ग्लोबलाइजेशन है, तो दूसरा हिन्दी भी है। कर्नाटक में प्राइमरी स्तर पर मातृभाषा के सवाल पर विवाद हुआ है। अंततः अँग्रेजी और कन्नड़ साथ-साथ पढ़ाये जाने की बात तय पायी गयी। आंध्र में तेलुगु भाषा को तमिल जितना दर्जा दिये जाने की बात की जाने लगी है। तमिल दक्षिण में अपने को सबसे पुरानी भाषा कहती है। तमिल भाषा को लेकर एक प्रकार की हिन्दीविरोधी कट्टरता बार-बार देखने में आयी है, लेकिन पिछले दिनों उसमें एक परिवर्तन आया है। नये डीएमके नेतृत्व ने कई बार इच्छा व्यक्त की है कि उनके सांसद हिन्दी समझें, पढ़ें। कर्नाटक में कन्नड़भाषी हिन्दी पसन्द करते हैं। वे अपनी मातृभाषा को वरीयता देते हैं, मगर हिन्दी के बैरी नहीं हैं। तेलुगुभाषी हिन्दी खूब समझते हैं। हैदराबाद हिन्दी फिल्मों को खासा योगदान देता रहा है। केरल में हिन्दी भाषा दूसरी भाषा की तरह पढ़ाई जाती है। कह सकते हैं कि दक्षिण अंचलों में हिन्दी की व्याप्ति और स्वीकृति बढ़ी है।

यह स्वीकृति उस वातावरण में एकदम उलट है, जो पिछली सदी में सन् 60

और 70 के बीच बना था। तब तमिलनाडु में हिन्दीविरोधी अभियान जोरों पर चलाया गया था। वह हिन्दी को केन्द्र सरकार द्वारा जबर्दस्ती थोपने के विरोध में था। अनेक जगह वह हिंसक रूप में दिखायी दिया। फलस्वरूप अँग्रेजी को एक बार फिर जगह ज्यादा मिली। हिन्दी राजभाषा बनकर भी आगे नहीं बढ़ सकी। तमिल की इस राजनीति में एक कारण उस दौर का काँग्रेस विरोधी वातावरण था। हिन्दी विरोध का एक स्तर काँग्रेस विरोध के रूप में नजर आता था। हिन्दी क्षेत्रों में तब अँग्रेजी के खिलाफ आन्दोलन जोर पकड़ रहा था। हिन्दी वाले पहली बार हिन्दी के बारे में सोच रहे थे। वे उसे, अपनी संख्या देखकर, राष्ट्रभाषा मानते थे और मनवाना चाहते थे। चूँकि भारत अनेक भाषाभाषी राष्ट्र है, इसलिए ऐसे तनाव होने ही थे। कोई भाषा कमतर नहीं थी, न है। राजनीति व ताकत के खेल ने इस स्पर्धा को और तीखा कर दिया। नतीजा यह हुआ कि हिन्दी किसी अपराध के बिना 'साम्राज्यवादी' भाषा करार दी गयी, जो अन्य भाषाओं को उपनिवेश बनाना चाहती थी। आज हालात बदले हुए हैं। दक्षिण की जनता हिन्दी को अपना रही है। यह सब गैर-सरकारी मनोरंजन, मीडिया व बाजारी हिन्दी से ही सम्भव हुआ है। आज क्या यह माँग करना गैर मुनासिब होगा कि हिन्दी का लेटेस्ट रूप क्या है, उसकी व्याप्ति क्या है? प्रभाव क्षेत्र कितना है, यह सबको बताया जाए? यदि 2001 के सर्वे के आँकड़े दिये जाएँ तो हिन्दी को नये ग्लोबल अखाड़े में एक बार फिर परिभाषित किया जा सके। न्यूयॉर्क में भाषा के प्रति कोरी भावुकता लेकर जाने की जगह भाषा के नये आँकड़े लेकर जाना हर तरह से बेहतर होगा।

10 दिसंबर, 2006

मूढ़मते, इट्स इकोनॉमी!

देश में चीनी, जापानी और कोरियाई भाषाविदों की किल्लत होने जा रही है। जरूरी है कि इन भाषाओं के जानकार बढ़ें। उन्हें पढ़ें। कारण साफ है। आने वाले सुपरपावरी भारत के महाप्लान में इन देशों से कमर्शियल कांटेक्ट बढ़ने हैं। उत्तरी कोरिया को फिलहाल छोड़ दें तो बाकी दोनों की इकोनॉमी भारत की इकोनॉमी के साथ सिंक करती लगती है। सब खुले बाजार की दुनिया के उस्ताद होने को लालायित हैं। देर-सवेर उत्तरी कोरिया भी इस बाजार में किसी न किसी दाम पर दुकान लगाएगा। इस एशियाई ग्लोबल खेल में जिसकी जितनी चौधराहट होगी उसका हुक्का उतना ही घूमेगा। एशियाई उस्ताद बनने की तमन्ना चीन की तो है ही। जापान की है ही। इन दिनों भारत भी ताल ठोंकने में व्यस्त है। यह अच्छा है। खुले बाजार की दुनिया में आपकी कुल ताकत ही पुजती है। ताकत और ज्ञान के इस खेल में भाषाएँ बड़ी ताकत बन चली हैं। बिना कम्यूनिकेशन के कर्म फँस जाता है। नीति तो फँस ही जाती है। जैसी कि अमेरिका की अरब दुनिया में इन दिनों फँसी हुई है। उससे निकलने के लिए वह अपने बंदों को वजीफे देकर अरबी-हिन्दी का ज्ञान कराने की योजनाओं पर अमल कर रहा है। जो लोग समझते हैं कि भाषा साहित्यकारों के जरिए बढ़ती है। ऐसे लोगों के लिए तो अब शोक भी नहीं किया जा सकता। साहित्य इत्यादि के फैलाव की समस्याएँ सिर्फ साहित्यिक आह-कराह से तय नहीं होतीं। कॉमर्स और भाषा के सम्बन्धों को समझना चाहिए।

अब जरा हिन्दी का सीन देखें। अपने जितने भी चैनल हैं, उनमें अँग्रेजी के शब्दकोश से हिन्दी की दोस्ती लगातार बढ़ रही है। अखबारों में हिन्दी के बदलते शब्दकोश को लेकर पढ़े-लिखे समाज में कुछ ज्यादा ही चिन्ता नजर आती है। एफएम, टीवी, इंटरनेटी और मोबाइली अँग्रेजी-हिन्दी के नित नये रीमिक्स के आगे हिन्दी की शुद्धतावादी सेनाएँ अपनी जंग हार चुकी हैं। अखबारों को लेकर कुछ चिन्ताएँ बची हैं। इस तरह की चिन्ताओं को देख कोई कह सकता है, 'इट्स इकोनॉमी स्टूपिड नॉट भाषा!, हिन्दी कॉमर्स की भाषा बन चुकी है। कॉमर्स उसे दिन-रात बदल रही है। उसका उदाहरण अखबारों की हिन्दी है। तमाम बड़े हिन्दी नगरों से निकलने वाले अखबार ऐसी हिन्दी प्रयोग करते हैं जिसमें अँग्रेजी के शब्द प्रचुर रहते हैं। इन

दिनों बहुत-सी अखबारीं हिन्दी नयी यंग दुनिया की बातचीत की 'यंग-यंग हिन्दी है'। अँग्रेजी के कितने शब्द इन दिनों एक दैनिक में आते हैं? यह गहन माइक्रो स्टडी का बड़ा काम है। इस लेखक की अपनी सरसरी स्टडी से निकली कुछ मोटी-मोटी बातें बतायी जा सकती हैं।

हिन्दी अखबार के एक पेज में कोई पाँच से छह हजार शब्द छपते हैं। इतने शब्द स्पेस में अँग्रेजी के कोई पच्चीस से पचास शब्द प्रति पेज उपयोग में लाये जा रहे हैं। अस्सी से नब्बे हजार शब्द स्पेस वाले हिन्दी अखबार में न्यूनतम पचास-सौ या अधिकतम सात-आठ सौ शब्दों का उपयोग ही रहा है। कई शब्द अँग्रेजी की शॉर्टफार्म के कारण इस्तेमाल किये जाते हैं। यह पेज के मैक्सीमम उपयोग का दबाव है। यह भाषा युवा पीढ़ी का आत्मसम्बोधन और अंतःसंचार है। भाषा को पाठकों-श्रोताओं बदलता नया प्रोफाइल बन रहा है। यह प्रोफाइल एक यंग ग्लोबल उपभोक्ता का है जो अपने आप को अब अपने गाँव में नहीं 'ग्लोकुल' में पाता है। इस ग्लोकुल में एक भाषा काम नहीं कर सकती और लक्षित श्रोता या पाठक की भाषाएँ आपकी 'भाषामेकर' होती हैं। जो बात चीनी-जापानी-कोरियाई के लिए हो रही है, वह बात हिन्दी में क्यों नहीं होती देखी जा सकती? जब उन भाषा का पढ़ना-बढ़ना कॉमर्स से संबंधित है तब हिन्दी के बदलाव में कॉमर्स को बड़ा और स्वाभाविक कारण मानने में क्या परेशानी है? यही क्षण-क्षण सामने होता हुआ दैनिक सच है। यह बदलता भाषामंजर किसी सरकार की कमेटी के तहत नहीं हो रहा। कारपोरेट, कॉमर्स और कम्यूनिकेशन के त्रिभुज की वजह से हो रहा है। नया साल आ रहा है। हिन्दी वालों की इतनी कमेटियाँ, इतनी अकादमियाँ और इतनी संस्थाएँ हैं। अगला विश्व हिन्दी सम्मेलन न्यूयार्क में होने जा रहा है। क्या इतने ढेर सारे हिन्दीविद् इस बदलते स्वरूप को जाँचने-परखने के लिए कोई गहन-सतत-सुदीर्घ कार्ययोजना हाथ में नहीं ले सकते? शायद नहीं। कारण यह कि हिन्दी वालों को जो मजा रोने में आता है, श्रम में नहीं। दिनोंदिन मंजर बदलता जाना है। हिन्दी समाजों में इस वक्त सबसे ज्यादा बेचैनियाँ हैं। नयी भाषा में बेचैनियों के चिह्न हैं। ये कॉमर्स और नये जनक्षेत्र में नया स्पेस बनाने की ताकत के शब्द हैं। इसलिए नयी हिन्दी मीडिया में स्वीकृत हो रही है। आँसू किसी को ताकत नहीं देते। आँसू यंग-हिन्दी नहीं हो सकते।

31 दिसंबर, 2006

देववाणी या डेडवाणी?

उत्तर प्रदेश के राज्यपाल ने सम्पूर्णानंद संस्कृत विश्वविद्यालय, वाराणसी के दीक्षांत समारोह में जो बोला वह एक प्रकार से कड़वा सच बोला। कड़वा पचता नहीं, सो संस्कृत वालों ने विरोध किया। संस्कृत वाले पहली बार रेडिकल हुए, उत्तेजित हुए। शाश्वत भाव से विनम्र, मर्यादाप्रिय से दिखने वाले छात्र और अध्यापकों को राज्यपाल की बातें संस्कृत भाषा के खिलाफ सुनायी पड़ीं। वे बिफर उठे। उत्तेजना में कुर्सियाँ तोड़ी गयीं। नारेबाजी तो की ही गयी। राज्यपाल जी ने जो कहा, वह कुछ-कुछ इस प्रकार रहा : उन्होंने कहा कि संस्कृत पढ़कर लोग टीचर बनते हैं या पूजापाठ करते हैं। संस्कृत भाषा की हालत ग्रीक और लेटिन जैसी ही है, जिन्हें अब कोई नहीं पढ़ता। संस्कृत वालों को एक विषय के रूप में अँग्रेजी अवश्य पढ़नी चाहिए। कंप्यूटर, विज्ञान उपयोगी विषय हैं। उन्हें पढ़कर काम मिलता है। संस्कृत पढ़कर आप ज्यादा से ज्यादा पूजापाठ कराते रहते हैं या मास्टरी करते हैं।

उनके भाषण के अंशों का सार इसी तरह रखा जा सकता है। उनकी बातें खरी बातें हैं। वे संस्कृत के यथार्थ को बताती हैं, जिन्हें संस्कृत वालों से बेहतर कोई नहीं जानता। राज्यपाल ने संस्कृत का विरोध नहीं किया। उन्होंने सिर्फ इतना कहा कि संस्कृत को समय के अनुकूल बदलना चाहिए। न बदलने से भाषाएँ मर जाती हैं। अगर आप भाषा से आजीविका नहीं कमा सकते तो सिर्फ बोलने के लिए तो आप भाषाएँ पढ़ा नहीं करते। किसी भाषा में अगर आप उच्चतर ज्ञान ग्रहण कर रहे हैं तो निश्चय ही उस भाषा में ज्ञान के निर्माण की, उसके लिए उपादेय होने की क्षमता होनी चाहिए। यह क्षमता आपको लानी चाहिए। नहीं तो उसे पढ़कर भी आप क्या करेंगे?

संस्कृत कभी 'देववाणी' कही जाती थी, अब वह 'डेडवाणी' ही कही जा सकती है। उसमें कुछ उपयोगी ज्ञान है, मगर वह आज के सन्दर्भ में न तो सारा काम का है, न उसे नया किया गया है कि काम का हो सके। सब जानते हैं कि उसकी न बदलने की आदत के कारण ही संस्कृत की जगह पाली-अपभ्रंश ने ली, फिर देशज बोलियों-भाषाओं ने ली और अब अनन्त भाषाएँ उसकी जगह ले चुकी हैं। देववाणी, ब्राह्मणवाणी, पंडितवाणी बनी रही, जबकि जनता को रोजमर्रा की भाषा हमेशा चाहिए,

जिसका उपयोग वह कर सके और उसके जरिए संचार कर सके, दो पैसे काम सके।

यह लेखक संस्कृत का विरोधी नहीं है, किसी भाषा का विरोधी नहीं है, लेकिन वह इस तथ्य का क्या कर सकता है जो कहता है कि देश में संस्कृत मातृभाषियों की सकल संख्या एक प्रतिशत भी नहीं है! 1991 के भाषा सर्वे में सबसे कम बोलने-बरतने वाले संस्कृत के बताये गये हैं। देववाणी-देववाणी गर्व के नशे में रहने वालों को आँकड़ों के इशारे समझने चाहिए। गर्व से कुछ नहीं होता। न इस तरह के सतही विरोध से कुछ होता है कि संस्कृत कंप्यूटर के लिए सबसे उपयुक्त भाषा है। और कि ऐसा नोम चोम्स्की ने कह दिया है। परम्परागत रूप में संस्कृत कर्मकांड के कार्यों की माध्यम भाषा के रूप में रही है। यह रूप आज तक चला आता है। यही ऐसे काम हैं जिनमें संस्कृत एक 'सेल्फ रिलायंस' की भाषा बनती है।

संस्कृत के उत्पादक पक्ष को देखें : ज्यादातर मंदिरों के पुजारी लोग संस्कृत ठीक तरह से नहीं जानते। विवाह आदि की पूरी रस्में संस्कृत में दो-चार श्लोकों से पूरी की जाती हैं, क्योंकि जिजमान तो हिन्दी जानते हैं या अन्य मातृभाषाएँ पंडित भी उन्हीं में आराम से बोलते हैं। ग्राहक की भाषा जिजमान की अन्तिम भाषा बन जाती है।

संस्कृत पढ़ने वाले कौन होते हैं? इसका सर्वे अलग से हो तो भाषा का आर्थिक पहलू अपने आप उजागर हो जाएँगे। संस्कृत जब एक सहायक विषय के रूप में ली जाती है तो इसलिए के उसमें नंबर खूब आते हैं और प्रतिशत अच्छा बन जाता है। संस्कृत एक ऐसी भाषा के रूप में पढ़ी-पढ़ाई जाती है जिसमें नकल, रद्दी कूपमंडूकता और मीडियोक्रिटी का राज नजर आता है। संस्कृत एक न बदल सकने वाली भाषा है। वह इसीलिए कमजोर हुई कि वह कबीर के शब्दों में 'बहता नीर' नहीं बन सकी, 'कूप जल' बनी रही।

मगर संस्कृत वालों का प्रोटेस्ट अच्छा लगा। जो छात्र नित्य प्रति अपने गुरुओं को साष्टांग दंडवत, चरण स्पर्श करते-करते अपनी कमर झुका बैठे हैं, वे अचानक अपनी शिखाएँ खोलकर चाणक्य मुद्रा में नारे लगाने लगें तो अच्छा लगता है। आखिर किसी बात ने तो उन्हें झकझोरा! ऐसे छात्रों को यह भी सोचना चाहिए कि आगे का रास्ता किधर से है? क्या उन्होंने अपने आचार्यों के बारे में कभी सोचा, जो हर बदलाव के विरोध में रहते हैं? अपने बच्चों को चुपके-से अँग्रेजी स्कूलों में पढ़ाते हैं, बाहर भेजते हैं। जरा-जरा-सी बात पर सिर्फ राजनीति करते हैं। अपने हितों में अपने चेलों की नित्य 'बलि' चढ़ाते हैं। प्रोटेस्ट करने वाले अपने महान गुरुओं की जरा खबर लें।

17 फरवरी, 2007

हिन्दी के हलवाई

हिन्दी को लेकर रुदन होने लगा है—यह रुदन त्राहिमाम्-त्राहिमाम् कहने वाला एक पाखंड है। हिन्दी के हलवाई जब रोते हैं तो इसी तरह। अगर विश्व हिन्दी सम्मेलन की खबर हवा में हो तो इसी तरह रुदाले बन जाते हैं, अच्छी दान-दक्षिणा आती है और क्या चाहिए...? हिन्दी की रक्षा के नाम पर अक्सर उठती-मरती बहस हमेशा की तरह रक्षात्मक है जो हिन्दी के ऊपर मँडरा रहे खतरों के अभ्यस्त प्रलाप से शुरू होती है, फिर 'आवहु सब मिलि रोवहु भाई, हा हा भारत दुर्दशा देखी न जाई' वाला कोरस होने लगता है।

इस सारे पाखंड और ड्रैमेटिक शोक की रस्मों के बावजूद हिन्दी बदलती रहती है, फैलती रहती है—उसकी नयी समस्याएँ सामने आती रहती हैं। हिन्दी के हलवाई मिठाइयों पर बैठी मक्खियों को उड़ाते तक नहीं और जब ग्राहक उन तक नहीं आता तो कहते हैं कि मक्खी-मंडित हिन्दी की राष्ट्रीय मिठाई राष्ट्रीयता की धरोहर है, उसे भूमंडलीकरण का खतरा है। उसे बचाओ, हम कह रहे हैं न! खर्च और व्यर्थ हो गये ढेर सारे हिन्दी वाले ऐसा ही सोचते हैं। ये हिन्दी के हलवाई नित नये क्षेत्रों में बढ़ती फैलती हिन्दी भाषा की समस्याएँ तक ठीक से नहीं समझते क्योंकि हिन्दी-प्रेमी, हिन्दी-सेवी हिन्दी साहित्यकारों की फटीचर जमात को जो मजा अपने छाती कूट ड्रामे में मिलता है वह हिन्दी की नयी समस्याओं से दो-चार होने में कहाँ? यह रुदन नागरी प्रचारिणी और हिन्दी साहित्य सम्मेलन के अधिवेशनों के लम्बे इतिहास की तरह है जो अरसे से हिन्दी के विकास की चुनौतियों को स्वीकार करने की जगह उस पर 'हर वक्त मँडराते खतरों' का कीर्तन करते रहते हैं। इतिहास गवाह है कि हिन्दी की कीर्तन-मंडली जितना ही रोयी, उतना ही हिन्दी के पंडों के चेहरों पर मलाई की परतें चढ़ती गयी हैं। बनी संस्थाएँ अब दुकानें बन चली हैं—सारा रुदन इन दुकानों को और बड़ा करने भर का होता है, फ्री फंडिया फंड मिलने का होता है। उनके इस रुदन एजेंडे को दूसरे पूरा करें, वे कुछ न करेंगे, छठे-छमासे रोते रहेंगे। इनका काम तो समस्या परिगणन है, वह भी गलत-सलत और हाहाकारी परिगणन—समाधान दूसरे जानें। इनकी पुरानी मिठाई की मक्खियाँ दूसरे उड़ाएँ—यह हिन्दी के हलवाइयों की निकम्मी चित्तवृत्ति है।

इस ग्लोबल जगत में तेजी से बढ़ती हिन्दी की समस्याएँ हैं और खूब हैं मगर वे पुराने ढंग की नहीं हैं कि आप कहें कि उसका एक केन्द्रीय व्याकरण नहीं है, कि वह सर्वत्र हिन्दी माध्यम नहीं बनी है, कि वह राजभाषा ही क्यों बनी है, कि राष्ट्रभाषा क्यों नहीं बनायी जाती या कि यूएनओ में उसे एक भाषा के रूप में क्यों न स्वीकृत कराया जाए?

हिन्दी के विस्तार के साथ उसकी नयी समस्याएँ रोज दरपेश होती हैं। यह स्वाभाविक है। इन्हीं से निपटकर हिन्दी के विकास का नया एजेंडा बन सकता है, कोरे रक्षात्मक इमोशनल प्रलापों से नहीं।

पहले समकालीन हिन्दी का यह सीन देखें : सन् 1991 की जनगणना के मुताबिक हिन्दी मातृभाषियों की संख्या तैंतीस करोड़ से ज्यादा थी। मातृभाषियों के अलावा कोई दस करोड़ संख्या ऐसे लोगों की भी कही जा सकती है जो विश्वभर में और भारत में हिन्दी सुन, सीख के अपने रोज के कामकाज में बरतते हैं। वे दूसरी भाषा की तरह उसमें संवाद-संचार करते हैं। जनगणना में भाषाओं की लेटेस्ट स्थिति को लेकर 2001 की नयी जानकारी आयी नहीं है, यदि आती तो नया हिन्दी सीन सही-सही मालूम हो सकता था। उसके अभाव में हम 1991 से पहले की दो दहाइयों में हिन्दी के आँकड़ों की फैलावट से हिन्दी का नया कल्पित नक्शा बना सकते हैं। हिन्दी की बढ़त प्रति दस वर्ष में कोई सात फीसदी के हिसाब से रही है। यह एकाध को छोड़ अन्य भारतीय भाषाओं के बढ़त प्रतिशत से कहीं ज्यादा है। यदि 1991 से 2001 तक के दस सालों के लिए हम सात फीसदी बढ़त को ही जोड़ें तो कह सकते हैं कि हिन्दी मातृभाषियों की संख्या 35-36 करोड़ होगी और इसके अलावा बोलने-बरतने वालों की संख्या 10-11 करोड़ से ज्यादा होगी। यह बढ़त प्रतिशत पिछले बीसेक साल में प्रिंट के बढ़ाव, फिल्मों, टीवी संचार और रेडियो, इंटरनेट एवं मोबाइली हिन्दी के जरिए और बढ़ा है, ऐसा अनुमान करना गलत नहीं होगा। इस तरह आज हिन्दी बोलने-बरतने वालों की संख्या कोई पचास करोड़ से कुछ ऊपर ही बैठ सकती है, नीचे हरगिज नहीं।

पचास करोड़ की भाषा कौन खत्म कर सकता है भई? भाषाविद् कहते हैं कि जब तक किसी भाषा का एक भी बोलने-बरतने वाला जीवित होता है, वह जीवित कही जाती है। यहाँ हिन्दी में तो इस वक्त 'बूम पीरियड चल रहा है। यह आँकड़ा सिद्ध बातें हैं। इमोशनल हिन्दी हलवाइयों की हिन्दी-भक्ति नहीं। अँग्रेजी के बूम के साथ सबसे बड़ा बूम हिन्दी में ही चल रहा है, इसीलिए हिन्दी एक 'ग्लोबल भाषा' मानी जाने लगी है।

यह विकास न तो राजभाषा आयोग बनाने की वजह से हुआ है, न ही सम्मेलनों की वजह से। यह पिछले बीस साल के आर्थिक उदारीकरण, मुक्त स्पर्धी बाजार, भूमंडलीकरण, तकनीकी क्रान्ति, बॉलीवुड, उपग्रह टीवी, प्रिंट, एफएम रेडियो, मोबाइल

क्रान्ति आदि से बनने वाले हिन्दी विश्व में सम्भव हुआ है। यह साहित्यिक पत्रकारिता से नहीं हुआ, बल्कि मेनस्ट्रीम हिन्दी पत्रकारिका से हुआ है जो प्रिंट से लेकर इलेक्ट्रॉनिक माध्यमों में हुई है। पत्रकारिता उद्योग की मुक्त स्पर्धा ने जितना हिन्दी पत्रकारिता को बढ़ाया, हिन्दी उसी अनुपात में बढ़ी और उसका नया बड़ा बाजार बना। हिन्दी के कथित पंडित बाजार शब्द आते ही अपनी चोटियाँ ऊँची करके किसी आदिम कालीन मानुष की तरह चीखने लगते हैं कि 'बाजार आया, बाजार ने खाया' लेकिन वे स्वयं इसी बाजार की मलाई चट करने में भी लगे होते हैं। बच्चे अमेरिका में डॉलर कमाते हैं, लेकिन वे इधर हिन्दी की लाज बचाने के लिए बाजार को गाली देते रहते हैं। ऐसे हिन्दी वाले न बाजार का 'ब' समझते हैं, न पूँजीवाद का 'प'। उन्हें सिर्फ रोने दिया जा सकता है। वे इत्मीनान से रोएँ। उनके रोने के बावजूद हिन्दी को तो बढ़ना है। रोने वाले इसीलिए हिन्दी के विकास के किसी भी विमर्श को विकसित नहीं कर पाते।

मुक्त स्पर्धी बाजार ने तमाम भाषाओं पर कई दबाव डाले हैं। बहुराष्ट्रीय निगमों के उपभोक्ता माल के बाजारीकरण की ऐतिहासिक दुर्निवार प्रक्रिया ने भाषाओं को अँग्रेजी के साथ सह-अस्तित्व की दोस्ताना जगह बनायी है तो उन भाषाओं के शुद्धतावादियों को उसी तरह चीखने-चिल्लाने का अवसर भी दिया है, जिस तरह का चिल्लाना हिन्दी में दिखता है। सब भाषाओं में ऐसे रोने वाले इन दिनों मौजूद हैं, हिन्दी के रोने वाले चाहें तो उनसे गले मिलकर अखिल भारतीय रुदन समारोह कर सकते हैं।

बाजार ने भाषाओं पर दूसरा दबाव उनकी संचार क्षमता का विकास करने की प्रक्रिया में बनाया है—एक ब्रांड का विज्ञापन जब आता है तो वह भाषा पर नये मुहावरों के लिए, नये संचारात्मक संबोधन के लिए, नये चिह्न निर्माण के लिए दबाव डालता है। कोई फिल्म जब नयी पीढ़ी के लिए सिनेप्लेक्स में आती है तो *मुगले आजम* की भाषा और में नहीं लिखी जाती, *मुन्नाभाई* तथा *बंटी और बबली* की भाषा में बनती है इसीलिए हिट होती है क्योंकि वह हिन्दी के बन रहे नये विराट जन क्षेत्र की सकल अभिव्यक्ति बन जाती है। यह शुद्ध यानी साहित्यिक हिन्दी नहीं हो सकती। साहित्यिक हिन्दी का बाजार पचास करोड़ का नहीं है, वह हजार-दो हजार या पाँच हजार का है जबकि जनसंचार की भाषा मैक्सिमाइजेशन के नियम से चलती-बनती है।

पचास करोड़ की विश्वभाषा होने के कारण हिन्दी ने इस दबाव को अपनी ताकत में बदल लिया है, कमजोरी में नहीं। अभी अमिताभ बच्चन ने *रंग दे बसंती* को ऑस्कर से बाहर कर दिये जाने पर प्रतिक्रिया में कहा था कि हिन्दी की फिल्में देखने वाली पब्लिक हॉलीवुड की फिल्मों से ज्यादा बड़ी है। यह एक तथ्य है कि बाजार की नजर से हिन्दी का बाजार हॉलीवुड के अँग्रेजी बाजार से बड़ा है। हिन्दी

की यह विराटता उस उपभोक्ता बाजार का परिणाम है जिसमें हिन्दी में बेचा जा रहा उपभोक्ता माल बिकता है। हिन्दी इसी तरह बड़े बाजार की बड़ी भाषा बनकर हिन्दी क्षेत्रों में एक गतिमयता और नयी आकांक्षाओं को व्यक्त करने वाली भाषा बनी है। यह एक नया पब्लिक स्फेयर है जो पिछले बीसेक सालों में बना है। यह मिक्सड स्फेयर है। इसमें तरह-तरह की हिन्दियाँ काम करती हैं और वे सब मिलकर एक विराट हिन्दी बाजार बनाती हैं। जिन्हें बाजार से परहेज है वे अपनी दिमागी कंदराओं में तपस्यालीन रहें। हिन्दी निर्णायक ढंग से बदल चुकी है। उसमें अन्य भाषाओं के अनन्त शब्दों की मिक्सिग बढ़ी है। इतने विराट ग्लोबल जनक्षेत्र की संचार भाषा हमारी अब तक की परिचित साहित्यिक भाषा नहीं हो सकती। उसमें मिश्रण होगा ही। उसमें हो सकने वाली कमाई इस मिश्रण से बनेगी। अँग्रेजी शब्द, देशी भाषायी शब्द, बोली-ठोली और अन्य भाषाओं के शब्द हिन्दी में इसीलिए एक साथ रहते हैं। इसी से उसकी विराटता और स्वीकार्यता बढ़ी है कि वही अब बातचीत की भाषा बन चली है। हिन्दी के विकास की इस प्रक्रिया में सक्रिय आर्थिक विकास को कम करके नहीं आँका जाना चाहिए। पहली बार हिन्दी कमाई की भाषा बनी है। रोने वालो, क्या यह बुरा है?

हिन्दी की समस्याएँ इसी से बनी है। विकास की व्यवस्था करना, उसे मॉनिटर करना, एक समस्या है तो दूसरी समस्या विकास के डर से बढ़ रही संकुचित प्रतिक्रियाओं का समाधान है। मणिपुरी, असमिया, तमिल, कन्नड़ यदि हिन्दी से थ्रेटिंग फील करते हैं तो उसका उपचार क्या है? उर्दू भाषा से क्या सम्भव होना है? हिन्दी तकनीकी मित्र, कंप्यूटर मित्र और अधिक कमाई की भाषा, अधिक मौलिक ज्ञाननिर्माण की भाषा कैसे बने? ये नये मसले हैं।

लिपि का मसला फालतू है। इंटरनेट और मोबाइल पर आने वाली हिन्दी रोमन में आती है मगर होती हिन्दी ही है—इंटरनेटिया मोबाइली 'रोमिन्दी' (रोमन में लिखी हिन्दी) 'शॉर्ट मेसेज' की हिन्दी है। नागरी में शॉर्ट मेसेज का चलन बना ही नहीं और कंप्यूटर के यूनीकोड के सफल होने में देर है। तब तक नागरी में संवाद न होकर रोमन में होगा, लेकिन है वह हिन्दी ही। लिपि को भाषा से कन्फ्यूज न करें—औसत हिन्दी दैनिक में एक लाख शब्दों के बीच कुल पाँच-सात सौ शब्द अँग्रेजी के आते हैं। आप गिनकर देख लें। हिन्दी में रोमन में अँग्रेजी शब्द आते हैं तो मलयालम, तमिल में ऐसा बहुत पहले से होता है और वे खत्म नहीं हुई हैं।

बताने को कुछ और बातें भी हैं, लेकिन फिलहाल इतना ही काफी है। हिन्दी के हलवाई रोना चाहें तो रोते रहें, हिन्दी को तो इसी प्रक्रिया में आगे बढ़ना है।

19 फरवरी, 2007

हिन्दी : विराट् अंतःसंवाद की भाषा

मीडिया का मार्केट बढ़ रहा है। मीडिया में रोजगार बढ़ रहा है। हिन्दी मीडिया बढ़ रहा है। पाठक दर्शक बढ़ रहे हैं। अखबार बढ़ रहे हैं। चैनल बढ़ रहे हैं। एफएम रेडियो बढ़ रहे हैं। मनोरंजन उद्योग बढ़ रहा है। सूचना उद्योग बढ़ रहा है। ब्लागिंग बढ़ रही है। हिन्दी की वेबसाइटें बढ़ रही हैं। ऐसे में हिन्दी बदले बिना भला कैसे रह सकती है? अगर वह संप्रेषण का एक माध्यम है और उसके जरिए दूसरे संप्रेषण माध्यमों—(तकनीकी संप्रेषण या इलेक्ट्रॉनिक संप्रेषण माध्यम) में काम लिया जाना है तो वह वही नहीं रहनी है जो अब तक साहित्यिक पत्रकारिता में रही है। साहित्य में रही है। भाषा साहित्य का पर्याय नहीं है।

खबरिया चैनलों का उदाहरण लें। एक खबर बनाने, प्रस्तुत करने की प्रक्रिया यदि स्पर्धात्मक, तुरन्ता होना है, लाइव होना है तो खबर के सम्पादन की समूची प्रक्रिया सम्पादन कक्ष, और लाइव करने वाले रिपोर्टर और कैमरे के तिहरे मोड़ों से गुजरती है। यदि यह किसी बड़े, राष्ट्रीय चैनल पर है तो उसकी भाषा इकहरी, साहित्यिक परिनिष्ठित, व्याकरण सम्मत नहीं रह सकती। व्याकरण सम्मत भाषा आराम से, ठहर कर लिखी भाषा होती है। उसे दोबारा-तिबारा ठीक-ठाक किया जा सकता है। लाइव में जो एक बार है, वही अन्तिम है। कम टाइम के दबाव में भाषा, 'तुरन्ता' है। हिन्दी इस गहन और बहुत बड़े संक्रमण से गुजर रही है। ऐसा इस भाषा के इतिहास में कभी नहीं हुआ। इतनी हाजिर जवाबी, वाचालता, इतनी प्रश्नाबहुलता (भले वह सतही लगे) इतनी जवाबी प्रतिक्रियाएँ एक भाषा को 'प्रिंट' की ठहरी हुई भाषा से हटाकर 'बोल-चाल' की भाषा में बदल देती है।

मीडिया में हम जिस हिन्दी को देखते-सुनते हैं, वह हिन्दी अभूतपूर्व है। वह द्रुतपाठ में ही रहती है। निरन्तर चंचल वह संवाद पैदा करती है। यह संवाद चंचल, अस्थिर और रंजक होता है। ये तीनों गुण मीडिया की देन हैं क्योंकि ये उसके स्वभाव के 'गुणसूत्र' हैं। भाषा वैज्ञानिक और संरचनावादी दृष्टि से इसे 'डबल कोडिंग' (दुहरी संहिता) वाली 'भाषा स्थिति' कहा जाता है। इन दिनों यह 'डबल कोडिंग' हर भाषा में नजर आती है। अँग्रेजी में भी नजर आती है। अँग्रेजी भी अब एक विचलित भाषा है। तमिल, तेलुगू, बंगला—सबका यही हाल है। भाषा के बदलते रूप लाइव

खबरों या कार्यक्रमों में जितने नजर आते हैं, उससे कहीं ज्यादा मनोरंजन के कार्यक्रमों में नजर आते हैं। अंत्याक्षरियों से लेकर 'इण्डियन आइडोल' और उससे आगे 'झलक दिखला जा' या 'बूगी-बूगी' या 'लॉफ्टर चैलेंज' शो तक आते-जाते हिन्दी भाषा ने अभिव्यक्तिक्षम होने की जो सिद्धि प्राप्त की है, वह उसकी भाषा वैज्ञानिक, आन्तरिक सक्षमता का प्रमाण है। हिन्दी भाषा इतने बड़े पैमाने पर, इतिहास में पहली बार मनोरंजन का जरिया बन रही है। वह एक साथ करोड़ों को नचाने, गवाने, बहलाने-फुसलाने की भाषा बन रही है। यह समाज के 'वृद्ध वर्ग' की भाषा नहीं, नये ग्लोबल भाव बोध के युवावर्ग की भाषा है।

पिछले दिनों इंग्लैंड के युवाओं की भाषा के एक अध्ययन को पढ़ा तो ज्ञात हुआ कि इन दिनों भाषा में बदलाव लाने वाले सबसे ज्यादा संख्या में वहाँ के कॉलेजों, स्कूलों में पढ़ने वाले छात्र हैं। वे इंटरनेट, एसएमएस संदेशों और मोबाइल पर एक नयी अँग्रेजी में बात करते हैं। अनेक नये शब्द गढ़ लेते है और उनके बीच वे प्रचलन में आ जाते हैं। नयी बातों को अर्थ देने लगते हैं। जो बात इंग्लैंड के लिए सच है, वही हिन्दुस्तान में भी कमोबेश लागू हो रही है। दुनिया के ज्यादातर देशों में ऐसा हो रहा है। युवा समाज भाषा को तेजी से बदल रहा है, क्योंकि वह अपने आसपास को तेजी से बदलता हुआ न केवल देखता है बल्कि उसे बदलता हुआ, खुद को बदलता है। इस 'बदल' में कपड़े-लत्ते तो बदलते ही हैं, भाषा भी बदलती है बल्कि कहें सबसे पहले भाषा ही बदलती है।

जो लोग इस भाषा को भाषा नहीं समझते, इसे तिरस्कृत करते हैं, वे एक विराट् युवा जगत के अनन्त भाषा प्रयोगों का सम्मान नहीं करते। हिन्दी के बुद्धि जर्जर दिमाग ऐसा करते हैं। उनकी समझ में यह भाषा, भाषा नहीं है जबकि यह भाषा फड़कती, जीवंत कमाऊ-भाषा है। अंत्याक्षरी या आइडोल के संयोजक-संयोजिका की हिन्दी जब एक साथ पूरे हिन्दुस्तान के साथ बात करती है तो वह अकेले हिन्दी क्षेत्र के हिन्दी वालों से बात नहीं करती बल्कि यत्र-तत्र फैले हिन्दी वाले से या जो हिन्दी में आना चाहता है, से बात करती है। कोई अचरज नहीं कि टेलेंट हंट वाले कार्यक्रमों में यदि बुलंदशहर के लड़के-लड़कियाँ हैं तो कोलकाता, मुम्बई, यहाँ तक कि हैदराबाद, चैन्नई तक के बच्चे होते हैं। इनकी भाषा एक वक्त में टीवी के उन दर्शकों तक सम्बोधित होती है जो हिन्दी शब्दकोश से कुछ बाहर हैं। इसके लिए वे अँग्रेजी के कुछ शब्दों को घोलकर हिन्दी का नया मिक्स गढ़ते हैं। यह नयी संरचनात्मक हिन्दी है, मात्र हिन्दी नहीं है। जब हिन्दी भाषा प्रिंट भाषा बनी तो उसके सामने एक वर्तनी, एक व्याकरण एक स्तरीय शैली की समस्या आयी। किसी हद तक ये हल हुई लेकिन भाषा यदि जीवंत है तो वह बड़े बदलाव को वहन करने के लिए खुद को लगातार बदलती ही है। भाषा हमेशा संक्रमण में रहती है। आज हिन्दी इलेक्ट्रानिक माध्यमों की भाषा बनकर, अपने को लगातार चपल गति से बदलते

हुए एक विराट अन्तर्संवाद की भाषा बन रही है तो यह उसका विकास है, ह्रास नहीं।

संस्कृत से अलग और उसके बावजूद, जब पाली, प्राकृत, अपभ्रंश में भाषा बदली होगी, तो निश्चय ही हर भाषा के बदलने के क्षणों में बहुत तरह के परिवर्तन हो रहे होंगे। ये आर्थिक-राजनैतिक और तकनीकी परिवर्तन होंगे। भाषा के इतिहास को बताने वाले 'लोकभाषा' 'लोकभाषा' कहकर इन बड़े परिवर्तनों के बारे में ज्यादातर चुप्पी लगा जाते हैं। हिन्दी भाषा में समकालीन 'शिफ्ट' इसी प्रकार की और जटिल प्रक्रिया है। कोई अध्ययन कर्ता यदि आज उत्तर भारत के कैंपसों में छात्रों की हिन्दी के स्वरूप का ही आकलन करें तो उसे जो हिन्दी मिलेगी, वह रचनात्मक, विचार सक्षम और प्रवाहमयी हिन्दी मिलेगी जिसमें अँग्रेजी समेत स्थानीय बोलियों के शब्द संग-संग निजभाव से रहते हुए मिलेंगे। मीडिया ने हिन्दी बदली है। हिन्दी ने भी मीडिया को बदलता है। इसी क्षमता के कारण आज हिन्दी एक बड़ी भाषा है।

18 मार्च, 2007

सूचना माध्यमों में हिन्दी का विकास

जितने प्रकार के सूचना माध्यम हैं, उतनी ही प्रकार की 'हिन्दी' है। माध्यमों की प्रकृति, प्रक्रिया और प्रसार के बदलने से एक-जैसी लगती भाषा वस्तुतः अलग-अलग किस्म की होती है। जन माध्यम सिर्फ सूचना माध्यम नहीं होते, वे मनोरंजन माध्यम भी हैं। भाषा का बदलाव इन दोनों से जुड़ा है। यदि जमाना मल्टी मीडिया संचालित हो तो भाषा उसके बहुरूपी संजाल में नयी और अकल्पनीय अन्तःक्रिया में काम करती है। इसका नतीजा यह होता है कि वह अधिक संग्रहणशील, संकलनशील, व्यावहारिक हो उठती है। इस भाषा को 'जन संचारात्मक भाषा' के रूप में पढ़ा-समझा जाना जरूरी है। समकालीन हिन्दी के स्वरूप और विकास को इसी सन्दर्भ में समझा जा सकता है। किसी एक माध्यम की हिन्दी को लेकर चलना अन्य माध्यमों की हिन्दी का निषेध बन जाता है। एक माध्यम की हिन्दी को मानक मानकर चलने से हिन्दी की समकालीन विराट, अखिल वैश्विक स्तर की प्रयोगशाला की आजादी बाधित होती है।

हिन्दी को लेकर की जाती ज्यादातर चिन्ताएँ एवं चिन्तन एक माध्यम 'प्रिंट माध्यम' को मूलाधार और मानक मानकर चलते हैं जबकि हिन्दी सिर्फ एक माध्यमी भाषा नहीं रह गयी है, न रह सकती है। भाषा का व्यवहार और प्रकार्य मूलतः संचारात्मक (कम्यूनिकेटिव) होता है। यदि संचार क्रिया सीमित और स्थानीय घेरे में रहती है तो वह एक स्थिर, सीमित भाषा के आग्रह और शुद्धता के दुराग्रह में फँस जाती है। यदि कोई भाषा आज के भूमंडलीकरण की अनेकमुखी 'आर्थिक, तकनीकी, संचारात्मक, उपयोग एवं बाजार के विनिमय मूलक' प्रक्रियाओं में जन समाजों के बीच अन्तःक्रिया को तेज और तात्कालिक करने वाला बनना होगा तो वह अपने स्थानीयता के, एक माध्यम में रहने के, और शुद्धता के आग्रहों-दुराग्रहों से बँधकर नहीं रह सकती। उसमें टूट-फूट, मिक्सिग, विचलन बढ़ेंगे। हिन्दी के साथ यही हो रहा है। यह दुनिया की हर भाषा के साथ हो रहा है। अँग्रेजी भी इससे अछूती नहीं है। स्वयं इंग्लैंड में अनेक भाषा पंडित इस चंचल, लगातार तेजी से बदलती अँग्रेजी के स्वरूप निर्धारण को लेकर परेशान हैं।

फ्रांसीसी लोग फ्रेंच में अँग्रेजी के इस्पहानी के बहुत से मिश्रण को लेकर चिंतित

होते देखे गये हैं। भारत की हिन्दीतर भाषाओं में यही स्थिति है। अँग्रेजी में हिन्दी, इस्पहानी, अरबी के शब्दों की मिक्सिग हो रही है। अंग्रेजी की ऑक्सफोर्ड डिक्शनरी वालों ने बहुत से गैर अंग्रेजी शब्द अपने भीतर शामिल किये हैं। हिन्दी के तथा भारत की अन्य भाषाओं के शब्द वे शामिल कर चुके हैं। यह भाषा के मिश्रण के साथ जीने का एक तरीका है। भूमंडलीकरण सिर्फ हिन्दी की सीमाएँ ही नहीं तोड़ रहा, अँग्रेजी की भी तोड़ रहा है जिसे हिन्दी के अनेक विद्वज्जन हिन्दी के लिए खतरा मानते हैं। बिना किसी आयोग की मान्यता लिये, बिना किसी नीति पत्र को बनाये हिन्दी में अँग्रेजी, अरबी, फारसी, मराठी, तमिल, तेलुगु, बांग्ला और बहुत-सी बोलियों की मिक्सिग जारी है। इससे हिन्दी की व्याप्ति, संचार की क्षमता और विनिमय क्षमता बढ़ रही है। इसी का नतीजा है कि हिन्दी को आज विश्वभाषा कहा जाता है। इस तरह हिन्दी के समकालीन, लगातार तेज गतिशील स्वरूप और उसके विकास की दिशा का आकलन करने के लिए भूमंडलीकरण की विराट अपरिहार्य प्रक्रिया तथा उसके आलोक में विविध माध्यमों में बरती जा रही हिन्दी, बरतने की प्रक्रिया में बदलते स्वरूप और उसकी समस्याओं को समझा जा सकता है। यहाँ संक्षेप में भूमंडलीकरण और उसके साथ-साथ माध्यम क्रान्ति की संचारात्मक अन्तःक्रियाओं के बारे में कुछ मूलभूत बातें विचार योग्य हैं।

भूमंडलीकरण की प्रक्रिया अपरिहार्य और जटिल है। हिन्दी भाषा, भारत के एक विशाल भूभाग और जनता के एक बड़े हिस्से की भाषा होने के कारण भूमंडलीकरण के प्रभावों और दबावों से अछूती नहीं रह गयी है। भूमंडलीकरण की प्रक्रिया के आर्थिक फलागम और राजनीतिक, सांस्कृतिक फलागम एक साथ घटित हो रहे हैं। राज्यों और सरकारों की पुरानी सुंप्रभुता और सीमाओं की कट्टर हदबंदियाँ कमजोर हो रही हैं। आर्थिक आदान-प्रदान के साथ राजनीतिक, आर्थिक नये उदारवादी मूल्य समाज के निम्नस्तर तक किसी न किसी रूप में पहुँच रहे हैं। उदारवादी अर्थव्यवस्था पुरानी आर्थिक नियोजन व्यवस्था से अलग है, मुक्त बाजार के नियमों से चलती है। उदारवादी मूल्य इस प्रक्रिया में सिर्फ 'आर्थिक' नहीं रहते, वे 'सामाजिक' व सांस्कृतिक संस्करण में ढलते हैं। यह जनतंत्र का आधुनिक समाज का एक जरूरी हिस्सा माना जाता है। ज्यों ही हम मुख्य बाजार, नव उदारवादी आर्थिक नीति यानी भूमंडलीकरण की बुनियादी शर्तों में काम करते हैं (और इस भूमंडलीकरण के घोर विरोधी भी इस प्रक्रिया से मुक्त नहीं हैं)! हम 'अभाव की संस्कृति' से 'भाव की संस्कृति' में प्रवेश करते हैं। हमारे समस्त सांस्कृतिक अनुभव 'अभाव' की जगह, आर्थिक, सामाजिक, सांस्कृतिक वंचनाओं-वर्जनाओं को मानने की जगह, संयम, संचय और नियोजन केन्द्रिकता की जगह, अधिक आजादी, बंधनविहीन एकदम मुक्त और भाव (आपूर्ति) की ओर यात्रा करते हैं। भाषा इस प्रक्रिया को सम्भव करती है। वही भाषा इसे सम्भव कर सकती है जो स्वयं लचीली, गतिशील, संग्रहणशील, उदार

और सर्वजनोन्मुख होने का भाव रखती हो। जो साक्षर, निरक्षर, अन्तर्भाषायी संवाद में सक्षम हो और यह क्षमता बनावटी न हो, भाषा में रहने वालों की सहजस्वीकृति जिसे मिलती हो।

यहाँ से विश्लेषण के दो क्षेत्र खुलते हैं। एक है उदारवादी नीति, उससे जुड़ी मुक्त बाजार की नीति और उसके एक अनिवार्य अंग के रूप में 'उपयोग की ध्रुवता' (ग्रेविटी ऑफ कंजप्शन) या उपयोग्यावादी वातावरण। दूसरा क्षेत्र हिन्दी के विकास की अवधारणा से जुड़ा है, जिसकी चर्चा यहाँ करना, अपेक्षित नहीं। हाँ, इतना जरूर कहा जाना चाहिए कि भाषाशास्त्र के अब तक उपलब्ध विमर्शों ने भाषा के चलन या विकास को 'जनता' से जोड़ा है। जनभाषा की अवधारणा इसी से निकली है। लेकिन भाषाशास्त्र ने किसी भाषा के जन से जुड़ाव या स्वीकृति के आर्थिक विनिमयगत कारणों के बारे में, उसकी अन्तःक्रिया के बारे में आज तक कोई थीसिस नहीं दी। इसीलिए एक ही वक्त में जब हिन्दी उपयोग की, उसके तथा उत्पादन के विनिमय की एक विराट भाषा बनती है, उपयोग जो वैश्विक स्तर का है, ऐसे में हिन्दी को लेकर चली आ रही अवधारणाओं से उसके बदलाव—समकालीन बदलाव—को नहीं समझा जा सकता। अभाव (स्कार्सिटी) के राष्ट्रवाद के भाषाबोध से आप भाव (आपूर्ति या सप्लाई) के भाषानुभव को नहीं कह सकते। इसके साथ ही तकनीक खासकर इलैक्ट्रानिकी तकनीक और उससे संचालित पर्सनल कंप्यूटर, मोबाइल और प्रिंट, रेडियो, टीवी, फिल्म के जनमाध्यमों की हिन्दी के लिए अस्थिर व्याकरण को, उसके नित्य नये बन रहे, बढ़ रहे शब्दकोशों को नहीं पढ़ सकते! इसीलिए हिन्दी के तेज बदलते रूप पर जो लोग हाय-तौबा करते हैं, वे पुरानी अर्थव्यवस्था, पुरानी राज व्यवस्था और सांस्कृतिक बोधों के, कुल मिलाकर अभाव (स्कार्सिटी) के बोधों से परिचालित होते हैं। अन्ततः वे प्रिंट के किसी दौर के एक मानक रूप को एक मात्र मानक रूप मानकर समकालीन हिन्दी को निंदात्मक ढंग से भ्रष्ट, असंस्कृत, फूहड़, भदेस मानते हैं। हिन्दी में चूंकि एक बड़ा पढ़ा-लिखा वर्ग पुनर्जागरण काल एवं आजादी के संघर्ष को किसी मिथक की तरह समस्याहीन मानता है, इसलिए उस वक्त बन रही और अब क्लासिक साहित्य के रूप में उपलब्ध हिन्दी को मानक मानता है जबकि वह जानता है कि उसे वापस नहीं लाया जा सकता, और कि कोई भी भाषा पूरी तरह शुद्ध नहीं होती, न हो सकती है।

यदि हम यहाँ समकालीन प्रिंट, रेडियो, टीवी, सिनेमा, मोबाइल, इंटरनेट आदि माध्यमों की भाषा के अलग-अलग रूपों की विस्तृत पहचान भी करें तो भी दो बातें जरूर कही जानी चाहिए। पहली यह कि प्रिंट की समकालीन हिन्दी प्रिंट की मार्केट संचालित प्रकृति और प्रक्रिया का परिणाम है। मीडिया में मारकेटिंग विभाग जब से सम्पादक से ज्यादा वर्चस्वशाली हुए हैं, तबसे उस भाषा का निर्माण हुआ है, जिसे प्रतिक्रिया में हिंग्रेजी या हिंगलिश कहा जाता है। तत्त्वतः यह हिन्दी की एक शैली

है। इसी तरह जिस तरह मुंबइया या बिहारी शैली हो सकती है। यह बहुत ताकतवर है और छोटे-छोटे शहरों से निकलनेवाले अखबारों तक में यह है। बी श्रेणी के शहरों में जिनकी संख्या हिन्दी क्षेत्रों में सबसे ज्यादा है, एफएम रेडियो आया है। उसकी भाषा यही है : एक मिश्रित भाषा जिसमें अँग्रेजी और स्थानीय बोली भाषा का स्पर्श रहता है। अखबारों की भी यही भाषा है। टीवी की तो है ही। मोबाइल, इंटरनेट पर भी यही है। अमीर खुसरो की हिंदवी से हिंग्रेजी हिन्दी की एक हजार साल से ज्यादा की जटिल महागाथा है। यह हजार साल लम्बी जिरह है जिसने फैसले नहीं किये, लेकिन सब तरह के तर्कों को आत्मसात कर लिया है। इसी भाषा में कोई पचास करोड़ से ज्यादा जनता रहती जीती है। इस जनता की विराट इकनॉमी है, जिसमें यह भाषा सक्रिय है। साहित्य की भाषा उसकी एक शैली है, परिनिष्ठत एलीट शैली। जन भाषा उससे अलग ही रही है वह आजाद हो रही है। अगर यह बाजारू है तो यहाँ हिन्दी की क्षमता है और उस पर गर्व है।

यदि जनमाध्यमों की अपनी अर्थव्यवस्था की बात की जाए और उपयोग के बढ़ते हिन्दी क्षेत्र के विराट बाजार (ध्यान रहे यह हिन्दी का बाजार एक भाषा संचालित-हिन्दी संचालित-बाजार कहा जा सकता है) की बात की जाए तो हिन्दी एक ऐसी भाषा के रूप में सामने आती है जो एक बड़ी आर्थिक, राजनीतिक, सांस्कृतिक संरचना का न केवल निर्माण करती है बल्कि उसका विस्तार करती है। अन्य भारतीय भाषाएँ इस क्षमता, इस व्याप्ति, इस उदारता के लिए तरसती हैं। वे भी अँग्रेजी से अपने अभाव को दूर करती हैं। अब हिन्दी करने लगी है तो अंधहिन्दी विरोध की पुरानी टेक भी टूट गयी है। बाजार की हिन्दी क्षेत्र की ओर ध्रुवता ने इस विरोध को बेकार कर दिया है। वह सिर्फ शुद्धतावादी साहित्यकारों में बचा है। राजनेताओं में बचा है। यह व्याधि नये ग्लोबल मन वाले युवावर्ग में नहीं है, जिसकी संख्या पचास-पचपन फीसदी है। इस नये वर्ग ने अपनी हिन्दी जनसंचार माध्यमों से ही पायी है। वह उसे ही बरतता है। तो भी वह एक जैसी नहीं है। मोबाइल इंटरनेट में उसकी लिपि बदल रही है। वह रोमन में चलती है। नागरी का सही फोंट न होने से वह नागरी में नहीं चल पा रही। हिन्दी के डरे हुए चिंतकों को ऐसे फोंट सिस्टम विकसित करने चाहिए, जो नागरी लिपि का कंप्यूटर सक्षम कर दे। जिस तरह चीनी, रूसी ने किया है। पचास-पचपन करोड़ की भाषा और दस से ज्यादा राज्य, आधे से ज्यादा भूभाग पर राज करने वाली भाषा के शुद्धताप्रेमी हिन्दी के बदलाव पर रोने की जगह, उसका तकनीकी संस्कार करें तो कल्याण हो।

अन्तिम बात यह कि हम हिन्दी की बोलियों को पचाने वाली 'भाषा' (प्रिंट के कारण) समझते आये हैं। दृश्यश्रव्य इलेक्ट्रोनिक या जनसंचार माध्यमों ने अब उसे भाषा के रूप में तो संरक्षित किया हुआ है, एक नयी बोली के रूप में भी उसका विकास कर रहे हैं। भाषाशास्त्र के उपलब्ध विद्वान बोली से भाषा की ओर यात्रा

को ही एकमात्र यात्रा मानते हैं। भाषा का बोली में बदलता—व्यवहार की भाषा 'परोला'—(प्रसिद्ध भाषाशास्त्री फर्डीनांड द सास्यूर का पद) में उन्हें समझ नहीं आता। हिन्दी के साथ जनसंचार माध्यम यही कर रहे हैं। उसे भाषार्थ रखते हुए भी उसे बोली-व्यवहार की भाषा में बदल रहे हैं, क्योंकि यह परिवर्तन विराट वैश्विक परिवर्तनों का फलागम है।

निष्कर्षतः कहा जा सकता है हिन्दी के भीतर-बाहर हो रही मिक्सिंग में आ रही कथित अशुद्धता को उसकी क्षमता, और विकास की जरूरत माना जाना चाहिए। इसके पीछे भूमंडलीकरण तकनीक जन माध्यमों की अन्तर्जातीय क्रिया है। जो भाषा इस प्रक्रिया की मित्र नहीं बन सकती, वह अपने सतीत्व को लिए बैठी रह सकती है। हिन्दवी से हिंग्रेजी की ओर यात्रा कर रही हिन्दी बैठी नहीं रह सकती, क्योंकि हिन्दी जनता के विकास की जरूरतें उसे वैसा नहीं बने रहने दे सकतीं। आज हिन्दी भाषा हिन्दी समाज की विकास-कामना का परिणाम है, कोई षड्यंत्र नहीं।

हिन्दी में 'कम्पिटीशन...' का मजा

'एमए में लेके एडमीशन कम्पटीशन देता...' यह गीत अब चरितार्थ हो रहा है। हिन्दी का बाजार बढ़ रहा है। उसकी दुकान बड़ी हो रही है। यकीन न हो तो उन करीब पच्चीस नये पास हुए आईएएस युवकों-युवतियों से बात करें। वे हिन्दी माध्यम से पढ़े हैं और हिन्दी विषय लेकर कम्पिटीशन दिया है और अँग्रेजी वालों की बराबरी करते हुए पास हुए हैं। यह हिन्दी क्षेत्र के नौजवानों-नवयुवतियों का जलवा है, उनकी ताकत है। उनकी हिन्दी-आस्था है।

इसे हिन्दी के विकास का एक प्रतीक माना जा सकता है। भारतीय प्रशासनिक सेवाओं में हिन्दी माध्यम वालों की संख्या का बढ़ना बताता है कि हिन्दी में स्तरीय प्रतिभा उग रही है और प्रशासनिक पदों पर अब हिन्दी वालों की जरूरत और महत्त्व बढ़ रहा है। हिन्दी नाना कारणों से विराट् भूभाग की जनता और प्रशासन के बीच सम्पर्क की एक बड़ी भाषा बनती नजर आती है, शायद इसी कारण हिन्दी में इतने लोग कम्पिटीशन देते हैं। हिन्दी में 'कम्पिटीशन देने' का मतलब हिन्दी में पढ़ने-लिखने वाले एक खास वर्ग का होना है, जो मिलकर एक खास बाजार बनाता है, जिसमें एक खास स्तर के ज्ञान का निर्माण और वितरण होता है। बिहार, मध्यप्रदेश, राजस्थान, यूपी, हरियाणा, झारखंड, छत्तीसगढ़, उत्तराखंड, चंडीगढ़, दिल्ली और इनके आसपास के इलाके हिन्दी माध्यम को अब इतना करीयर-सबल सफल माध्यम मानकर अपनाने लगे हैं कि बड़ी संख्या में वे हिन्दी में एमए करते हैं, कम्पिटीशन में बैठते हैं। हर पचास एमए हिन्दी करने वाले विद्यार्थी पर एक-दो आईएएस ट्राई करने वाले मिल सकते हैं। प्रशासन में हिन्दी भाषी के आने से हिन्दी की ताकत बढ़ती है।

जनता हिन्दी बोले, बांग्ला बोले, तमिल बोले और अफसर अँग्रेजी में बोलें तो संवाद कैसे बनेगा? सरकार ने अपनी नीतियों को मातृभाषाओं की ओर मोड़ा हिन्दी की यह बढ़त उसका एक नमूना है। अन्य भाषाएँ कितना और बढ़ीं, यह पता नहीं, मगर दो-चार तो बढ़ी ही होंगी। तुलनात्मक रूप में हिन्दी ज्यादा बढ़ी लगती है। इसके सामाजिक कारण हैं। एक तो हिन्दी भाषी जनता में एक ऐसा मध्यवर्ग बन चला है, जो अपनी भाषा में ही आगे बढ़ने को ठीक समझता है और आसानी से बढ़ सकता है, इसका अर्थ यह नहीं कि वह अंध-हिन्दीवाला है, बल्कि इतना

ही है कि जिन्दगी की बढ़ती द्विभाषिकता में भी वह एक अपनी भाषा को अपने रोजगार के माध्यम के रूप में चुन सकता है। हिन्दी के पठन-पाठन से नया बढ़ता बाजार बहुत बड़ा है। बिहार में कई जगह ऐसे संस्थान हैं, जिनमें हिन्दी माध्यम से कम्पिटीशन की तैयारी करायी जाती है और लोग सफल भी होते हैं। दिल्ली विश्वविद्यालय के रास्तों पर खड़े बिजली के खंभों पर ऐसे पोस्टर चिपके रहते हैं, जिनमें हिन्दी माध्यम से पढ़ाने वाले किसी 'प्रोफेसर' का नाम लिखा होता है, जो घोषणा करता होता हैं कि आप उससे पढ़ें। आपका कल्याण होगा। कुछ पढ़ाने वालों के नाम ब्रांड की तरह दैनिक अखबारों में छपा करते हैं।

आईएएस की पढ़ाई एक विशेष तरह की अनुशासित पढ़ाई होती है, उसमें सुस्पष्ट, समयबद्ध केप्सूल टीचिंग होती है, जिसमें सब सूचनाएँ हों, व्याख्याएँ हों, सटीकता हो और प्रश्नोत्तरी के खेल में माहिर करती हो। यह एक प्रकार की 'निश्चित-ज्ञान' की पैकेजिंग प्रोग्रामिंग है, जो अँग्रेजी के नमूने पर ही चलती है। यह हिन्दी का नया भूगोल है, समाजशास्त्र है, जिससे हिन्दी का साहित्यकार पूरी तरह अपरिचित है। यह जगत उसका विषय नहीं है। इसके बरक्स परम्परागत पाठ्यक्रमों को पढ़ने वाले विद्यार्थी और उनके अध्यापक प्रायः एक परम्परागत परीक्षा परिपाटी पर चलते-चलते जहाँ पहुँच गये हैं, उनमें रट्टाफिकेशन, गेस पेपर और बस किसी तरह पास हो जाने की कला रह गयी है। हिन्दी में उच्च स्तरीय कक्षाओं के लिए अगर अच्छे नोट्स नहीं हैं जैसे कि अँग्रेजी में मिला करते हैं, तो यह हिन्दी के पठन-पाठन के विराट् जगत के लिए सोचने की बात है! यह उन सबके सोचने की बात है, जो हिन्दी के पठन-पाठन को किसी भी बड़ी भाषा की तरह बनाना देखना चाहते हैं। अच्छे स्तरीय पाठ तैयार करने, सृजनात्मक ज्ञानवर्धक प्रश्नप्रणालियाँ विकसित करने, पढ़ने की पद्धतियों और पढ़ाने के उचित नये तरीके खोजना हिन्दी के अपने काम हैं।

हिन्दी के जरिए ज्यादा संख्या में नये आईएएसों का होना हिन्दी के विकास के सवालों को खोलता है, जिनसे गुजर कर ही हम हिन्दी के प्रति अपने दायित्वों को समझ सकते हैं। हिन्दी के कोरे पूजाभावियों से अधिक उसे मेहनती ठोस ज्ञान निर्माता-प्रदाता हिन्दी सुदक्षों की पूरी फौज की जरूरत है। तभी 'एमए में लेके एडमीशन कम्पटीशन देता...' का पूरा मजा आयेगा।

3 जून, 2007

ग्लोबल हिन्दी का ग्लोकुल

आठवाँ विश्व हिन्दी सम्मेलन न्यूयार्क में होने जा रहा है। सम्मेलन के इतिहास में यह किंचित विशिष्ट घटना है। सूचना यह भी है कि इस बार का उद्घाटन सत्र यूएनओ के किसी हॉल में होगा। यह भी एक प्रतीकात्मक घटना होगी। अरसे से हिन्दी को यूएनओ की एक मान्य भाषा बनाये जाने की माँग रही है। शायद इस बार यह माँग फलीभूत हो!

मुझको एक सत्र में बीज-वक्तव्य देने के लिए निमंत्रित किया गया है। मैं जा रहा हूँ। सारा इंतजाम आयोजकों की ओर से है। भारत सरकार के विदेश मंत्रालय की ओर से है। सम्मेलनों का प्रतीकात्मक महत्त्व होता है। वे वातावरण बनाते हैं। लेखक समूहों के बीच नये संवाद बनाया करते हैं। हिन्दी सम्मेलन यही करेगा।

हिन्दी भाषा के बारे में लगातार पढ़ते सोचते लिखते रहने के कारण इतना तो अब कह सकता हूँ कि हिन्दी इस वक्त हमारी भाषाओं के बीच 'अधिकतम जनतंत्र' है। कट्टरता की जगह उदारता हिन्दी की पहचान है। शुद्धतावादी विचारकों की प्रस्थापनाएँ पुरानी पड़ गयी हैं। हिन्दी समकालीन भूमंडलीकरण के दौर में तेजी से एक सशक्त, सर्वत्र उपस्थित विश्व भाषा बन चली है। उसके अनेक स्तर, अनेक रूप, अनेक शैलियाँ हैं और एक नयी अन्तरंग किस्म की बहुलता है। मुक्त बाजार, ग्लोबल, जनसंचार, तकनीकी, क्रान्ति और हिन्दी क्षेत्रों के विराट् उपभोक्ता बाजार ने हिन्दी को एक नयी शिनाख्त और ताकत दी है। संस्कृतवाद का दामन छोड़ बोलियों को अपने में समोकर उर्दू से दोस्ती स्थापित कर अँग्रेजी से सहवर्ती भाव में विकास पाती हिन्दी अपना 'ग्लोबल ग्लोकुल' बना रही है।

जाहिर है विकास के साथ-साथ उसकी समस्याएँ भी सामने हैं। ऐसे सम्मेलन इन समस्याओं को भी चिन्हित करने का प्रयत्न कर सकते हैं। अपना वक्तव्य हिन्दी के मीडिया विकास के साथ-साथ हिन्दी की 'आर्थिकी' के बारे में है। भाषा के विकास की समस्या समाज के आर्थिक विकास से जुड़ी है। हिन्दी भाषा को अगर घर के भीतर पूरा सम्मान नहीं मिलता तो उसका कारण यही है कि हिन्दी को विकास और उत्पादकता से नहीं जोड़ा गया। राष्ट्रवादी, अस्मितावादी, शुद्धतावादी, विचार से सोचकर हिन्दी बहुत आगे नहीं जा सकती, वह अर्थ-उत्पादन में सक्षम होगी, तभी जाएगी।

अपनी चिन्ता इसी के आस-पास है।

कई मित्र लेखक नहीं जा रहे। न जाने के कारण निजी होंगे। जाना न जाना उनकी चॉयस। अपनी चॉयस तो साफ है। जो नहीं जा रहे, वे अनेक बार गये हैं। तब शायद उन्हें एतराज नहीं होंगे। अब हो गये हैं। उनकी वे जानें। अपनी तो लाइन है : 'आप बुलाएँ हम ना आयँ ऐसे तो हालात नहीं।'

10 जुलाई, 2007

हिन्दी का पोस्टमॉडर्न मोड़

आठवाँ विश्व हिन्दी सम्मेलन न्यूयॉर्क में सम्पन्न हो गया। ठीक-ठाक हो गया। उद्घाटन सत्र में यूएनओ का विशाल सभाकक्ष खचाखच भरा था। कोई आठ सौ-एक हजार लोग शामिल रहे होंगे या इससे भी ज्यादा। विदेश राज्यमंत्री ने इशारों में ही सब कह डाला, 'हिन्दी बड़ी भाषा है। यूएनओ के दरवाजे तक आ पहुँची है और जब यहाँ तक आ गयी तो आगे भी जाएगी...।'

हिन्दी वालों ने जमकर तालियाँ बजायीं। मंत्री ने उनके दिल को छू लिया। बहुतों के लिए यूएनओ में हिन्दी का होना एक फालतू का काम हो सकता है, मगर हिन्दी अस्मिता की नजर से यह एक बड़ा प्रतीकात्मक अवसर रहा। यूएनओ में हिन्दी भारत की आधिकारिक भाषा बने, इससे यदि स्वर्ग नहीं मिलेगा तो नर्क तो हरगिज नहीं मिल सकता! एक बड़ी भाषा को बड़ी कुर्सी ही चाहिए। एक विशाल ताकतवर देश की सबसे बड़ी भाषा की यूएनओ में जगह का सवाल है और बिना अंध राष्ट्रवादी हुए भी यह बात अच्छी लग सकती है। एक देश है तो उसकी आवाज उसकी भाषा में चाहिए ही। मंत्री ने हिन्दी की दुखती रग को छुआ और सही किया।

इस पर यूएनओ के महासचिव बान की मून का आना और वहाँ सहज सम्बोधित करना शायद अविस्मरणीय घटना रही। मून ने हिन्दी में 'नमस्ते, क्या हालचाल है' पूछा और कहने लगे कि उनका बेटा भारत में पैदा हुआ, उनकी बेटी एक भारतीय को ब्याही गयी है और वे एक जॉइंट प्रोडक्ट का इंतजार कर रहे हैं! हँसी-हँसी में बेशुमार तालियों के बीच, संकेत में हिन्दी को मान्यता देने का यह उनका अपना तरीका रहा, क्योंकि वे निजी स्तर पर ही वहाँ आये थे। हिन्दी वालों को यह सब 'पागल' कर देने के लिए काफी था, लोगों ने खूब तालियाँ पीटीं!

हिन्दी के अनेक लोगों के लिए यूएनओ में हिन्दी जैसी बातों का कोई महत्त्व नहीं हो सकता। न हो, मगर हिन्दी जब सत्ता की भाषा बनेगी, तो ऐसा और भी बहुत कुछ होगा, जबकि अभी तो वह सत्ता की भाषा के दरवाजे से ही दूर है। यूएनओ में हिन्दी का होना एक जटिल प्रक्रिया है, कूटनीतिक प्रक्रिया है मगर एक आइडिया है, जो अब जरा ठोस रूप ले रहा लगता है। इसका स्वागत किया जाना चाहिए।

विघ्न संतोषी इसमें भी गड़बड़ देखते हैं। खतरे को हर समय सूँघने की न्यूरोटिक

बीमारी हिन्दी में बहुत है। कदम उठाने से पहले पंचांग में दिशाशूल जिस तरह देखा जाता है, उसी तरह सोचा जाता है कि यह ठीक नहीं, वो ठीक नहीं। जिन्होंने 'ठीक का ठेका' लिया है, वे ऐसा ही सोचा करते हैं। चाहे वे कथित प्रगतिशील हों या परम हिन्दुत्ववादी, हिन्दी को लेकर दोनों का समान सोच-विचार है।

'हिन्दी बदलनी नहीं चाहिए। उसे किसी अखंड शुद्ध आदि खूटे से बाँधा जाना चाहिए। ग्लोबलाइजेशन, मार्केट और मीडिया ने हिन्दी के लिए खतरा पैदा कर दिया है। हिन्दी संकट में है, बचाओ-बचाओ...।'

यह सोच कथित प्रगतिशील तबके का है। यही सोच तत्ववादी तबके का है। वह यहाँ भी दिखता है, वहाँ भी दिखा। यहाँ कुछ वामपंथी पंडे हिन्दी को न बदलने की कसम लिये हैं। वहाँ भी हिन्दुत्ववादी रहे, जो बदलती हिन्दी की शिनाख्त से परहेज करते रहे मगर इस बार के सम्मेलन ने न इनकी पंडागिरी की सुनी, न उनकी! सम्मेलन में दो वर्ग साफ दिखे। एक युवा हिन्दीजनों का वर्ग, जो हिन्दी के बदलाव का समर्थक था और जिसके लिए हिन्दी में उर्दू-अँग्रेजी की मिक्सिग वक्त की जरूरत है, मार्केट और मीडिया खतरे नहीं हैं, वरदान हैं। तभी वे 'भूमंडलीकरण मीडिया और हिन्दी' तथा 'आयीटी और हिन्दी' वाले सत्रों में बड़ी संख्या में हिस्सेदारी करने आते रहे। हिन्दी के बदलते ग्लोबल परिदृश्य में यह पहला बड़ा प्रस्थान बिन्दु रहा, जिसमें हिन्दी पुराने पंडों की पकड़ से जरा बाहर होती नजर आयी। 'बदलती हिन्दी मिश्रित हिन्दी ही आगे बढ़ सकती है'—यह बात मंत्री को तो समझ आयी, जो उन्होंने प्रेस कान्फ्रेंस में बार-बार कही, मगर हिन्दी के दाएँ-बाएँ बाजू के कथित विद्वानों की समझ में नहीं आती।

जो चोटी-धोतीधारी हिन्दी के नाम पर प्रसाद खाते अपने चेलों को बाँटते रहते हैं, उन्हें हिन्दी विद्वान कहा जाए तो किस कारण? कितनों ने तो दशकों से हिन्दी को लेकर एक ठीक-ठाक शोध पत्र तक नहीं लिखा। हिन्दी के बारे में उनकी अवधारणाएँ 'रक्षात्मक रूढ़िवादी' हैं। इस मामले पर दक्षिणपंथी और वामपंथी सब एक हैं। दोनों में अपने-अपने चमचों को पोसने की आदत है। यह हिन्दी के लिए खतरनाक है। इस लाइन से बहुत से फालतू फंडिया पाले जाते हैं। इस सम्मेलन में भी बहुत से फालतू लोग रहे, जिन्होंने एक लाइन से भी किसी को उपकृत नहीं किया। हिन्दुत्ववादी उसे हिन्दू-संस्कृति और धर्म से जोड़कर चलते दिखे लेकिन उन्हें सुनने वाले नहीं मिले। वे जल्द ही असंगत होने लगते। सिवाय कुछ पुराने प्रवासी लोगों के उनके संग कोई नहीं दिखा। धोती-चोटीधारी पंडे बोलते-बताते भी क्या? बोलते ही पोल खुलती थी।

सम्मेलन नयी ग्लोबल हिन्दी की पहचान पर केन्द्रित था और फालतू लोग मंच से अपनी फोटू खिंचवाने में लगे थे। दिन आ गये हैं कि हिन्दी पर पलने वाले बहुत से खुर्राट परजीवी पंडों को विदा किया जाए। हिन्दी के नये बरतने वालों यथा

पत्रकारों, नये हिन्दी कर्मियों को जोड़ा जाए। भाषाविदों को जोड़ा जाए। आयीटी पेशेवरों को जोड़ा जाए। हिन्दी को हिन्दी के साहित्यकारों से बचाने की जरूरत है, क्योंकि हिन्दी सिर्फ साहित्य की भाषा नहीं है। न साहित्यकारों के पास नयी हिन्दी को लेकर कोई नया ग्लोबल विजन है।

यह लेखक पहली बार ऑफिशियल डेलीगेट बनाया गया। इसका नाम किसी ने दिया होगा। इसके जैसे कई सतत हिन्दीकर्मी वहाँ रहे। कुछ नये काट के पत्रकार भी दिखे। काश! इनकी संख्या ज्यादा होती तो रंग और बदला होता, लेकिन कुछ तो एजेंडा बदला। नयी बदलती ग्लोबल हिन्दी की शिनाख्त हुई। यहाँ से बाएँ और दाएँ बाजू के रूढ़िवादी हिन्दी पंडों का कब्जा खत्म हुआ। समझिए! यह भी उपलब्धि है।

जिन पंडों ने सम्मेलन में शिरकत नहीं की, उनकी सेहत के लिए अच्छा रहा। वे यहीं विकासमान हिन्दी भाषा की समस्याओं को लेकर कौन-सी नयी थियरी कातते हैं? जब बांग्ला, तमिल, तेलुगू वाले अपनी पाँच-छह करोड़ की भाषाओं पर गर्व कर सकते हैं तो हिन्दी वाले अपनी पचास करोड़ की भाषा के लिए शर्मिंदा क्यों हों? जो इस बात पर भी लजाते हैं या अंध गर्व करते हैं उनसे अलग एक सहज गर्व का, सहज कर्तव्यबोध का रास्ता भी है। सम्मेलन तो मेला होता है, यहाँ-वहाँ कमी रहती ही है तो भी अचरज है कि इस बार कमियाँ भी कम रहीं। इससे निंदक निराश न हों। वे और बड़ी कमियाँ खोजते रहें। अपुन तो हिन्दी को पोस्ट मॉडर्न एजेंडा देते रहेंगे जिधर हिन्दी की मुक्ति है।

नयी हिन्दी की जय हो!

24 जुलाई, 2007

हम सब गिरमिटिए

हम सब नये गिरमिटिए थे। पुराने गिरमिटिए मजबूर बनाकर ले जाये गये। नये गिरमिटिए खुशी-खुशी जा रहे थे। इसके लिए बहुतों ने महीनों से मेहनत की थी। भागदौड़ की थी। 'वीज विंदु पताका प्रकरी कार्य' किये थे। वीजा की फीजा दे, लाइन लगकर बनवाये थे। पैरवी करायी थी। तब जाके ये एक सुहागिन हिन्दी सुबह नसीब हुई थी। जलने वाले जल रहे थे, रोने वाले रो रहे थे, लेकिन जाने वाले जा रहे थे। हम जाने वाले नये हिन्दी नागरिक थे।

यह हिन्दी की एक उमस भरी सुबह थी, जो हवाई अड्डे के भीतर घुसते ही वातानुकूलित आरामदेह सुबह में बदल गयी थी। पुराने गिरमिटिए पानी के जहाज में गुलाम बनाकर ले जाये गये थे। हम सब आजाद होकर अपने आप जा रहे थे। कुछ सरकारी मेहमान बनकर, कुछ निजी पैसे के बल पर। पुराने गिरमिटियों को गन्ने की खेती करने को मिली। यहाँ अमेरिका में हिन्दी की खेती करने को मिल रही थी।

कुछ साम्राज्यवाद विरोधी साम्राज्यवादी देश में प्रवेश करने को उत्सुक हो रहे थे। विचार घर रह गये थे। चिर विद्रोह से भरे झोले में पर्चे की जगह वीजा पासपोर्ट थे। सब रीमिक्स हो रहा था, मार्क्सवाद के साथ उसका अमेरिका मिक्स हो रहा था। कुछ हिन्दी महामंडलेश्वर पश्चिम की परम घृण्य संस्कृति से मुलाकात करने अपनी चोटी-धोती के साथ जा रहे थे। कुछ स्वदेशी भावी हिन्दी बंडलेश्वर अपने नौनिहालों-सगे सम्बन्धियों से मिलने और लगे हाथ थोड़ी-थोड़ी हिन्दी करने जा रहे थे।

एक अमेरिका सबके माथे पर लिख गया था। यह थी अमेरिकी ग्लोबलाइजेशन की लीला, जिसने हिन्दी के सब रणबांकुरों को जीत लिया था। न्यूयार्क सबका पीहर हो उठा था। सर्वत्र न्यूयार्क न्ययार्क हो रहा था। एक विराट मेला भाव था। इसके अपने कुछ मनोरंजक सीन भी थे, जो बताते थे कि अभी हिन्दी को ठीक से प्रोफेशनल ढंग से ग्लोबल होना है और हिन्दी परजीवियों से, महामंडलेश्वरों बंडलेश्वरों से, कमंडलेश्वरों से मुक्ति पानी है। कोई अपने बच्चों के लिए अचार-मिठाई ले जा रहा था और यह भी कहता था कि वहाँ अब सब कुछ मिलता है। कोई प्रेशर कुकर ले जा रहा था और कोई अपना साहित्य ही ले जा रहा था, जो उसे वहाँ बाँटना

था। सब अचानक मिलनसार हो उठे थे। दुश्मन ऐसे मिलते थे, जैसे दस साल पुराने कुंभ मेले में बिछड़े भाई मिल गये हों।

'महाराज आप भी?'

'अरे महाराज आप भी?'

'ओहो प्रभु आप? पधारिए। दर्शन हो गये, दिल्ली में तो दुर्लभ ही हैं।' एक बोलता। दूसरा बोलता, तीसरा बोलता। जरूरत से ज्यादा हँसता हुआ कहता, 'नहीं प्रभु हमारी भी यही शिकायत है कि दिल्ली में रहते हैं मगर आप नहीं मिलते हैं।' वे कहते, 'क्या करें ये दिल्ली है ही ऐसी।' तीसरा सीन निंदकों ने छेक रखा था। वे पत्रकार थे, युवा थे और सब पर तीखी नजर रखते हुए किसी को लिफ्ट न देते हुए फब्तियाँ कस रहे थे, 'अच्छा ये श्रीमान जी?' और हँसी का फव्वारा छूट पड़ता। कुछ सुभाषित भी आते-जाते। जिस पर हँसा गया वह सामने आता तो सब खींचने लगते, 'सर आप तो इक्जीक्यूटिव क्लास में होंगे। सर जी हम बाल-बच्चों का खयाल रखिएगा।' सर, हाँ हाँ करते गम्भीर बने रहते।

कुछ दुकेली औरतें छिटकी बैठी थीं। वे अपने हिन्दी पतियों के साथ हिन्दी पत्नियों की तरह शोभित थीं। वे अपने पतियों के उदाहरणों से जानती थीं कि किसी भी हिन्दी लेखिका का पब्लिक प्लेस में हिन्दी वालों से चार हाथ दूर रहना ही ठीक है। मगर वो हिन्दी वाला ही क्या, जो बाहर निकल कर उदारवादी पर-स्त्री-संवाद न करे और इस तरह आधुनिक बनने के दुर्लभ संयोग का लाभ न उठाये? तो वे किसी न किसी बहाने निकट आते बात करते।

'प्रणाम'! यह ऐसे कहा जाता जैसे प्रणाम में लंगड़े आम की मिठास घुली हो। हर आदमी एक-दूसरे को प्रणाम प्रणाम करता हुआ प्रणम्य होता हुआ चंचल चूहे की तरह इस कुर्सी से उस कुर्सी पर लपकता था कि कौन-कौन है, जो जा रहा है। हिन्दी वाला कुछ करे न करे, वह अपने आप में चिर शिकायती-संतोषी होता है।

यहाँ वहाँ यहाँ वहाँ, मत पूछो कहाँ कहाँ
है संतोषी, माँ, सबकी संतोषी माँ,
सबकी संतोषी माँ, यानी हिन्दी।

29 जुलाई, 2007

नयी हिन्दी नया एजंडा

हिन्दी दिवस के अवसर पर हिन्दी चरचा सिर्फ हिन्दी मीडिया के सहज 'कर्मकांड' की तरह नहीं हो सकती। ना ही किसी सार्थक चरचा के लिए। इस हिन्दी दिवस से कुछ पहले यानी गत जुलाई में सम्पन्न हुए आठवें विश्व हिन्दी सम्मेलन को लेकर यत्र-तत्र व्यक्त सतही उछाह या सतही सनकें बाधा मानी जा सकती हैं।

हिन्दी का अपना राजनीतिक फँसाव है जो हिन्दी की हर चरचा और भाषा विमर्श को आत्महीनता, आत्मधिक्कार और मिथ्या गर्व के परम्परागत दुष्चक्र में फँसा देता है। यह उलझन हिन्दी दिवस पर प्रायः नजर आती है। राजभाषा बनने के बाद हिन्दी दिवस सरकारी कार्यालयों में, अर्धसरकारी संस्थानों में एक तयशुदा बजट को निपटाने वाली बेहद पारिभाषिक पदावलीवादी, संचारहीन और किसी हद तक प्रयत्न-भ्रष्ट हिन्दी को समारोहित करता रहता है। उसे इन हिन्दी 'सेवियों' के हवाले छोड़ देना चाहिए। यों उनकी जड़ता भी उतनी बुरी नहीं लगती, जितनी कि अर्ध अँग्रेजीदां दिमागों की जड़ता, जो हिन्दी को हरचंद नीचा दिखाने की कोशिश किया करती है।

हिन्दी के साहित्यकार भी हिन्दी दिवस को लेकर बहुत सक्रिय नहीं देखे जाते। ज्यादा अक्लमंद कहलाकर वे हिन्दी दिवस की प्रदर्शनप्रिय कर्मकांडी मूर्खताओं पर हँसने को हिन्दी का अन्तिम दुर्भाग्य समझते हैं।

राष्ट्रभाषा होना है तो राष्ट्र की विविध भाषाओं से हिन्दी के क्या सम्बन्ध हैं? कैसे हैं, और होने चाहिए? कितना आपसी लेन-देन है? होना चाहिए? कितनी मित्रता, निकटता है? कैसी मिक्सिंग है? अन्यों की स्वायत्तता और अपनों के बीच क्या तर्कसंगत सम्बन्ध हैं? ये सवाल किसी का एजेंडा नहीं बनते। एक सरकार है जो दान देती है। एक हिन्दी दिवस है जो करना है और शेष स्कूलों-विश्वविद्यालयों की हिन्दी का विराट उद्योग है, जिसमें हिन्दी के सेवी, प्रेमी, विद्वान, कवि-कथाकार, आलोचक और ठेकेदार रहते हैं। मीडिया है, जो हिन्दी को खराब करता हुआ भी अपना ही है। तर्कहीन आत्मदीनता और अप्रामाणिकता, असिद्ध गर्व के मारों को हिन्दी का मतलब 'मेरी हिन्दी' से रहता है। 'हिन्दियों' से भी नहीं। ऐसे में अन्य भाषाएँ क्या बेचती हैं? राष्ट्रभाषा के इस फ्री-फंडिया लूट के खेल और हड़पू दम्भ में कोई कार्यभार भला क्यों कर बचे? जो महान चिन्ताएँ बची हैं, वे हैं कि उसे

अन्यों के प्रभाव से कैसे शुद्ध रखा जाए? भ्रष्ट हो चली भाषा को तुरन्त संस्कृत के गंगाजल से शुद्धीकरण संस्कार कैसे किया जाए? पहले एक 'म्लेच्छ' भाषा उर्दू से बचते रहे। लड़ते रहे। जनता ने इन रणबांकुरों के तमाम शुद्धिकरण और धार्मिक मूलवाद को नकार दिया और उर्दू के साथ जमकर देन-लेन किया। इतना कि हिन्दी में उर्दू अब एक धनात्मक मूल्य है। कोई अपराध नहीं। उर्दू के साथ हिन्दी की मिक्सिंग हिन्दी को जो नायाब पॉपुलर कल्चर और मनोहर ताकत देती है, वह कोई भी 'शुद्ध हिन्दी' सात जन्म में भी नहीं दे सकती। गनीमत है कि यह हिन्दी साहित्य सम्मेलन का एजंडा बनकर उसी के साथ निपट गया।

जो हिन्दी अब है वह 'दूसरी परम्परा' की हिन्दी है। यह ग्लोबल गति में तकनीक और मुक्त बाजार की दोस्त बनने, लोगों के रोजगार के लायक बनने, कंप्यूटर-मित्र बनने, फोंट सुलझाने की, केन्द्रीय संचार समस्या से जूझती आकुल-व्याकुल हिन्दी है। यह अपनी दैनिक समस्याओं से दैनिक ढंग से निपटती हिन्दी है। इसकी मदद के लिए कोई भाषा पंडित, कोई महान साहित्यकार आगे नहीं आया। आया तो मीडिया और बाजार आया। यह मीडिया और मंडी संवाद की दैनिक बतकही है। यह लिखत-बुलत हिन्दी है। इसमें तमिल, तेलुगु, मराठी, सिंधी, बांग्ला, गुजराती, पंजाब के अनन्त शब्दों की आवाजाही है, पॉपलुर कल्चर और खरबों के मनोरंजन उद्योग की, सबसे बड़ी माध्यम भाषा के रूप में उभरने वाली हिन्दी है। इस वक्त हिन्दी का मीडिया कुल विज्ञापनी बाजार का चालीस फीसद बटोरता है। पहली बार हिन्दी के अनुवादकों, कॉपीराइटरों, पटकथा लेखकों को इस उद्योग का स्वाद मिल रहा है। उसके पीछे चालीस-पचास करोड़ उपभोक्ताओं, हिन्दीजनों की ताकत है। यह ताकत भारत की किसी अन्य भाषा के पास नहीं है। यही चीज है जो हिन्दी को राष्ट्रभाषा के झूठे पद को न देकर बाजार की, संवाद सक्षम, सबसे ज्यादा बिकने वाली भाषा का दर्जा देती है। अन्य भाषाओं से और अँग्रेजी से भी एक स्पर्धात्मक धार देती है। हिन्दी देश के विकास के पहिए की एक मजबूत कमानी है। यह एक ऐसी अभागी भाषा है कि उसके उन्नत कहे जाने वाले दिमाग उस पर चाहे जब आत्मधिक्कार में हँसते हैं। यह हाल बांग्ला, तमिल में तो नहीं होगा।

'निज भाषा उन्नति अहै' के जाप में व्यक्त भारतेंदुई निज-भाषा सहज गर्व, दम्भ नहीं, हिन्दी वालों में कितना है? यह इसी से स्पष्ट है कि हिन्दीभाषी बिहारी मजदूर भाई असम और मणिपुर में बिना किसी कसूर के उड़ा दिये जाते हैं और कोई हिन्दी वाला नहीं बोलता। हिन्दी, हिन्दी वालों की अस्मिता को नहीं झकझोरती। उसका निर्माण नहीं करती और उन दिनों तक में नहीं करती, जब हर तरह की अस्मिताओं का जोरजोरा है! यह उदाहरण हिन्दी के विद्वानों की दुःखद चुप्पी के लिए है। हिन्दी के लिए किसी संकीर्ण विचार का आह्वान करने के लिए नहीं।

इस भाषाई अजनबीपन के बीच किसी हिन्दी अवसर पर यह तो सोचा ही

जाना चाहिए कि इतने 'खतरे' और 'भयों' के बावजूद 'हिन्दी अस्मिता' की चिन्ता कभी क्यों नहीं होती? जाति में सक्रिय अस्मिता की यह अद्भुत गोल-मोल अवधारणा है, जो अस्मिता को न जगाती है, न सक्रिय करती है और हिन्दी जाति बनी रहती है। यदि ऐसा किसी अन्य भाषा के संग हो तो क्या ऐसी ही निचाट चुप्पी सम्भव है? सोचने की बात है। हिन्दी की इस लावारिसी और अपने से ही इस कदर अजनबी होने के कारण क्या हो सकते हैं?

एक जीवित भाषा के भीतर सिर्फ साहित्यकार नहीं रहते। सिर्फ अखबार वाले, टीवी वाले और संस्थानबद्ध भाषाविद् नहीं रहते। उसके भीतर मजदूर, किसान, मध्यवर्ग और उच्चवर्ग, सब जातियों और धर्मों के लोग रहते हैं और हिन्दी के भीतर तो ये चालीस करोड़ से ज्यादा रहते ही हैं। उनका अस्मिता-बोध इतना प्रसुप्त क्यों है कि उनकी हिन्दी सरासर अपमान और जिल्लत सहती रहती है? हिन्दी के भीतर-बाहर जीने-मरने वालों मामूली मजदूर-किसानों की हिन्दी पहचान के अनाथ-अजनबी होने का कारण क्या हो सकता है? वे बिहार के भोजपुरी वाले हो सकते हैं : रहें। हिन्दी के स्वनामधन्यों को उनसे क्या मतलब? अरे, किसी साहित्यकार पर आँच आती तो कुछ बात थी। हिन्दी सिनेमा पर पूर्वोत्तर के कई राज्यों में सक्रिय स्थानीय कट्टर अस्मितावादी भाषा बरतने वालों की संगठित आतंकी और सख्त मुमानियत है। हिन्दी वाला कहेगा यार, यह तो हिन्दी के घटिया-अपसंस्कृतिकारक, चीप सिनेमा की बात है। होने दो। हमें क्या? लेकिन कोई अंध हिन्दीवादी भी नहीं बोलता। नागरी प्रचारिणी या साहित्य सम्मेलन तक से कोई अंध हिन्दीवादी नहीं बोलता। वे अब तक की कमाई जीम रहे हैं। विद्वान सिर्फ साहित्य कर रहे हैं। इतना ही बहुत है। ऐसा क्यों?

कारण है : हिन्दी को राजभाषा बनाया जाना और उसे लगभग राष्ट्रभाषा के पर्याय के रूप में प्रचारित कर दिया जाना। हिन्दी को इस तरह राजकाज की भाषा बनाकर किसी राजनैतिक जरूरत की में निहाल कर दिया गया। बाकी का अपने आप 'राष्ट्रभाषा' बनकर राष्ट्र ओढ़ने का दम्भ उसे सेंत में मिल गया। एक बड़ी भाषा कृतार्थ हो गयी। राष्ट्रभाषा न होकर भी उसने राष्ट्र को कुछ इस तरह हथिया लिया, जिस तरह से हिन्दुत्व कह कर अखिल हिन्दू जनों को संघ, भाजपा ने अपने झोले में डाल लिया। अंध हिन्दू राष्ट्रवाद का यह नशा प्रताप नारायण मिश्र की उस कविता से भी निकलता है, जिसमें 'हिन्दी हिन्दू हिन्दुस्तान' का नारा टेक की तरह लम्बा गाया जाता रहा। उन्नीसवीं सदी के हिन्दी प्रेम को इस तरह से खींचकर इक्कीसवीं सदी तक बिछा दिया गया। संस्कृतनिष्ठ हिन्दी एक तरह से हड़पू भाषा बन चली जिसने बिना लाइसेंस के राष्ट्रभाषा की खाली सीट पर मन-माफिक कब्जा कर लिया। भले उसे कोई वैसा माने।

भाषा का और उसके नेताओं का यह व्यवहार हिन्दी के उन चंट दिमागों का खेल रहा जो 'माँ सरस्वती के वरदपुत्र' बनकर हिन्दी समाज के लिए पूरे जिम्मेदार

हुए बिना सिर्फ भाषा की, सरकारी साहित्य की मलाई खाते रहे और हिन्दी साहित्य सम्मेलनादि चलाते रहे जो बाद में इस लाइन पर चलते-चलते इतना थक चला कि उससे साँस भी नहीं ली जाती। लेकिन दम्भ वही है कि राष्ट्रभाषा है। अब अगर राष्ट्रभाषा है तो भैया, सारी भाषागत और उसकी सामाजिक-सांस्कृतिक जिम्मेदारी को उठाने की जिम्मेदारी किसकी है? कहते हैं कि वह सरकार की है, क्योंकि हर सरकार अन्ततः एक हिन्दू सरकार ही होती है और बुजुर्ग महान कह ही गये हैं कि हिन्दी हिन्दू ही हिन्दुस्तान है! नक्शा साफ है।...लेकिन हिन्दी भाषा ऐसी बहती महानीरा है जो पराये पानी की मिक्सिंग के बिना, नदी-नालों, पानी के बिना भर कर नहीं चल सकती। इतने बड़े समाज की प्यास नहीं बुझा सकती। बहते जल की तरह हर पाँच-सात मील बहने के बाद भाषा अपने को शुद्ध, पेय यानी संचार योग्य बना डालती है। बहती भाषा का यह भी एक नियम है।

तो भी हिन्दी परजीवी वर्ग रोता है कि हिन्दी बिगड़ रही है। शायद उसकी कोई 'मूल' हिन्दी है जो सौ टंक शुद्ध है। वह क्या है। किसी को नहीं मालूम? वह खुद नहीं जानता कि वह क्या हो सकती है। अब अँग्रेजी से बचने की लाइन बिकती है। ठहरी हिन्दी इकनॉमी में कुछ दिन अभी बिकनी है। लेकिन यह कोई नहीं जानता कि अँग्रेजी से कैसे बचें। ज्यादातर मीडिया तो दिन-रात यही कहता है कि यार क्यों बचें? संचार के लिए भाषा को नये-नये मिक्स में जाना ही होगा। तात्कालिकता, स्पीड और संक्षेपण, एसएमएस, इंटरनेटी मिक्स में आना ही होगा। इतनी बड़ी भाषा को अगर हजार-दो हजार अँग्रेजी शब्द पचाने नहीं आये तो वह किस दम पर जनसंचार, नये सृजन नये विचार की भाषा बनेगी?

शुद्धिकरण की समस्या हिन्दीभाषी समाज की नहीं, हिन्दुत्ववादी एजंडे की है। हिन्दी अब भी 'एक देश एक वेश' वाले राहुली-स्तालिनी रूसी छाप 'नेशनल क्वेश्चन' में अटकी है। अगर हिन्दी राजभाषा और राष्ट्रभाषा के अंधखेल में बन्द रहती तो कैसे काम चलता?

बाजार की हिन्दी ध्रुवता के अलावा एक ध्रुवता अपने टिकाऊ जनतंत्र ने दी है। हिन्दी भाषा संसद में आधे के आस-पास सांसद भेजती है। हिन्दीभाषी क्षेत्र केन्द्र की राजनीति तय करते हैं। और इस तरह संसद की एक बड़ी बरती जाने वाली भाषा हिन्दी बन चली है। यह उसकी अनजानी ताकत है, जिसे अंधेपन से वह कभी इस्तेमाल नहीं करती।

अगर हिन्दी क्षेत्रों की विकास-दर जरा-सी भी बढ़ जाए, अगर हिन्दी क्षेत्रों में पूँजी का निवेश बढ़े, तो तय मानिये कि हिन्दी का जल्द उद्धार होगा। हिन्दी के जिन फँसावों के बारे में हमने आरम्भ में संकेत किया, वे पुराने राजतंत्र निर्भर राष्ट्रवादी व्यामोह के फँसाव हैं जिनसे हिन्दीभाषी जनता ने अपने विकास के लिए मुक्ति पा ली है। हिन्दी विद्वान अभी फँसे हैं, क्योंकि जनता हमेशा आगे रहा करती

है। विद्वान तो पश्चात-पद ही रहा करते हैं।

आज हिन्दी एक स्वतंत्र अवसर और कर्म है। उसकी नयी समस्याओं, चुनौतियों और नये एजंडे को जानना ही हिन्दी दिवस का एक सार्थक कार्य हो सकता है। उसे मनाया जाना चाहिए। लेकिन हिन्दी के नये एजंडे को खोला जाना चाहिए। जो एक ही साथ अब जनतांत्रिक, आर्थिक, सांस्कृतिक, राजनीतिक है। लेकिन राष्ट्रवादी अंधता से मुक्त है!

9 सितंबर, 2007

रोजगार से जोड़ने की जरूरत

हिन्दी आज विश्व की दूसरे नम्बर की भाषा है। हिन्दी से आगे सिर्फ चीनी भाषा है। अगर कोई भाषा विश्व में दूसरे नम्बर पर सबसे अधिक बोली जाती है तो वैश्विक स्तर पर वह भाषा कहाँ है, इसका अंदाजा हम आसानी से लगा सकते हैं। हिन्दी आज एक ग्लोबल भाषा बन चुकी है और इससे भी आगे जाने की ओर अग्रसर है। भारत में 50 करोड़ लोग हिन्दी बोलते हैं और इन 50 करोड़ में से 40 करोड़ हिन्दी भाषी हैं, जबकि अन्य 10 करोड़ गैर-हिन्दी भाषा-भाषी हैं, लेकिन वो हिन्दी का प्रयोग करते हैं और ये हिन्दी की उन्नति को ही दिखाता है। भारत के बाहर लगभग 2 करोड़ लोग हिन्दी बोलते हैं और दो करोड़ की विदेशी आबादी द्वारा हिन्दी का प्रयोग उसके वैश्विक स्तर को स्पष्ट कर देने के लिए काफी है।

आज हिन्दी एक मजबूत भाषा बन चुकी है और वैश्विक स्तर पर वह एक मजबूत भाषा के रूप में खड़ी है। हिन्दी अपने विकास के खास पड़ाव पर पहुँच चुकी है और यहाँ से उसे और मजबूत होना है और बहुत आगे जाना है। लेकिन इसके लिए प्रयास करने होंगे। हिन्दी तभी मजबूत होगी, जब हिन्दी भाषा-भाषी क्षेत्रों का पिछड़ापन दूर किया जाएगा। जिस दिन हिन्दी भाषियों का आर्थिक विकास हो गया, उसी दिन से हिन्दी मजबूत होनी शुरू हो जाएगी। आर्थिक पिछड़ापन दूर होते ही हिन्दी की सभी बाधाएँ स्वतः ही दूर हो जाएँगी। ये सही बात है कि हिन्दी को यहाँ तक लाने में मीडिया, बाजार और मनोरंजन की दुनिया ने बहुत बड़ी भूमिका निभायी है, लेकिन उसे आगे ले जाने के लिए आर्थिक विकास तो करना ही होगा।

निम्नतम स्तर से लेकर उच्चतम स्तर तक हिन्दी का प्रयोग करना होगा और उसे व्यवहार में लाना होगा तभी हम हिन्दी को आगे ले जा पाएँगे। आज हमारे जीडीपी की वृद्धि दर कुछ ही प्रदेशों में 9 फीसदी से आगे पहुँच पायी है लेकिन जिस दिन हमारे हिन्दी भाषी क्षेत्रों में जीडीपी बढ़कर 9 फीसदी हो जाएगी उसी दिन से हिन्दी का विकास बढ़ जाएगा। हिन्दी का स्वरूप भी काफी बदला है और भविष्य में भी बदलेगा, इसमें कोई दो राय नहीं है। हिन्दी संचार की भाषा है, आमजन की भाषा है, किताब की भाषा है, शिक्षा की भाषा है और यही हिन्दी की सबसे बड़ी ताकत भी है। कबीर ने कहा था कि हिन्दी बहता नीर और संस्कृत कूप जल है

और सच्चाई भी यही है। हिन्दी तो बहते नीर की तरह है और आगे भी यह बदलेगी इसमें कोई संदेह नहीं है। कुछ लोग हिन्दी को साहित्य की भाषा मानते हैं, लेकिन यह उनकी गलतफहमी है। जब तक आम आदमी किसी भाषा को नहीं समझता तब तक साहित्य बेकार रहता है। जनता साहित्य को तभी समझ पाएगी जब वह उसकी अपनी भाषा में होगा और उसे समझ में आयेगा। भाषा को जनता ही बनाती है और खुद साहित्यकार इस बात को स्वीकारते हैं। भाषा की साहित्य के अलावा भी जिम्मेदारियाँ होती हैं। हालाँकि हिन्दी को यहाँ तक पहुँचने में सरकार के योगदान को संतोषजनक नहीं कहा जा सकता। लेकिन सरकार ने एक अच्छा काम यह किया है कि हिन्दी को राजभाषा बना दिया। चूँकि हिन्दी राजभाषा है और इसी बहाने हिन्दी में कम ही सही लेकिन काम तो हो ही रहा है।

चाहे हिन्दी दिवस के अवसर पर ही हिन्दी-हिन्दी चिल्लाया जाता हो, पर हिन्दी को इससे कुछ फायदा तो मिल ही रहा है। भले ही हिन्दी अनुवाद की भाषा के रूप में ही क्यों न प्रचलित हो रही हो? हिन्दी को आगे बढ़ाने के लिए अभी और प्रयास करने होंगे। निजी कम्पनी और खासकर बैंकों में तो हिन्दी को जरूर प्रयोग में लाना होगा और इसके लिए सरकार को कदम उठाना होगा। हिन्दी शिक्षा की भाषा है और रहेगी। लेकिन इसमें सुधार करना बहुत आवश्यक है। इसके लिए हिन्दी को रोजगार से जोड़ना होगा और रोजगार की भाषा बनने के बाद हिन्दी का प्रयोग दिनोंदिन बढ़ेगा। हम हिन्दी पढ़ाते तो हैं, लेकिन रोजगार देने लायक नहीं पढ़ाते हैं। हम हिन्दी प्रेमी, हिन्दी भक्त और ना जाने क्या-क्या हो गये हैं, लेकिन घर के बच्चे को हमने वो हिन्दी नहीं पढ़ाई जो उसे रोजी-रोटी दे सके। अनुवाद का क्षेत्र एक ऐसा क्षेत्र है, जिसमें नौकरी की सम्भावनाएँ बहुत अधिक हैं। हम थोड़े से प्रयास द्वारा सैकड़ों युवाओं को नौकरी दे सकते हैं। हिन्दी को देश में भी आगे बढ़ाना है और वैश्विक स्तर पर भी, लेकिन इसके लिए समस्याओं का निदान करना पड़ेगा और तभी हिन्दी विश्व भाषा का गौरव हासिल कर पाएगी।

14 सितंबर, 2007

भाव और भाषा का मामला

भावना का भाव है, विकास बेभाव है, भाषा का अभाव है। जनतन्त्र भी बेभाव है। भावना के सामने वह भी भाव तन्त्र बना नज़र आता है। नल में पानी नहीं, घरों में, सड़कों पर बिजली नहीं। गरीब को इलाज नहीं, अच्छी शिक्षा नहीं, सस्ती रोटी नहीं, मगर भाव बेभाव है। आदमी रोटी नहीं भावनाओं पर जीता है। कितना भाव प्रवण संवेदनशील समाज बन चला है कि करोड़ों भ्रूण हत्याएँ, कन्यावध, दहेज उत्पीड़न, जाति उत्पीड़न नौकर कर्मचारी दमन पर किसी का एक भावना तक नहीं जगती और अचानक किसी ऐसे क्षण भावनाएँ उग्र होकर गरजने-बरसने लगती हैं, जहाँ कोई उम्मीद नहीं होती। जगह-जगह, गली, नुक्कड़, घरों, दफ्तरों में अचानक भड़की भावनाएँ तलवारें लेकर सामने आ जाती हैं।

संसद से सड़क तक यही हाल है। बायें, दायें बीच में यही सीन है। मनमोहन भी यशवन्त सिन्हा से संसद में पर्सनल हो उठे। यशवन्त भी पर्सनल हो उठे। भावना आहत हुई। ईगो टकरा गये। बीच में लालू जी ने भी दो-दो हाथ कर डाले, लीजिए विशेषाधिकार हनन का मामला बन गया। संसद का एक दिन करोड़ों का खर्चा कराता है। वहाँ लोगों के ईगो बोलते हैं। देश नहीं बोलता। जनता नहीं बोलती, वो तो यह तक नहीं पूछती कि चुने जाने के बाद उनके नेताओं को ये क्या हो जाता है कि जन समस्याएँ शून्य काल में शून्य की तरह आती-जाती हैं। बाकी वक्त हंगामे में गुजरता है। बहस शुरू होती है और प्रायः आरोप-पत्यारोप में और आगे चलकर तू-तू, मैं-मैं में बदल जाती है।

सोनिया जी गुजरात जाती हैं। गजब की बाइट दे डालती हैं, मौत के सौदागर, मौत के सौदागर के जवाब में मोदी जी छक्का लगाते हैं। सीधे जनता से पूछते हैं आतंकवादी का क्या करेंगे? भावावेशित जनता कहती है, मार डालो, मार डालो। मोदी जी कुछ नहीं कहते। जनता ने कह दिया। अब आप मतलब लगाना चाहें तो ठीक। न लगाना चाहें तो ठीक।

पश्चिम बंगाल लोगों को समझदार लोगों का समाज लगता रहा है। वहाँ नन्दीग्राम हो गया। नन्दीग्राम, फन्दीग्राम बन गया। फन्दीग्राम से निकलने के लिए बहस चल रही थी कि तसलीमा के खिलाफ प्रदर्शन हो गया। उसे फुटबाल की तरह

राज्य सरकारों और केन्द्र सरकार ने खेला। जिनकी भावनाएँ इस लेखिका ने भड़का दीं वे धमकियाँ देने लगे। लेखिका ने कहा, जितने अंश भावनाओं को आहत करने वाले हैं, निकाल लिये जाएँगे। भावनाएँ कुछ शान्त हुईं, शायद कुछ दिन शान्त रहें। भावनाएँ बड़ी हैं। जिन्दगी के अभाव छोटे हैं। भावनाएँ महसूस होती हैं। अभाव नहीं। अभाव जब फील नहीं होते तो भी भावनाएँ भड़कती रहती हैं। इसका कारण क्या हो सकता है? समाजशास्त्री मनोवैज्ञानिक सोच सकते हैं।

हमारी समझ में तो इतना आता है कि अभाव ही भावना बनकर इधर-उधर निकलने लगता है। जिन्दगी में अभाव है। अभावों को बनाये रखने की राजनीति होने लगती है। अभावों को निपटाएँगे तो नेतागीरी कैसे चल पाएगी। नेता लोग सोचते हैं। जब अभाव देर तक भीतर-भीतर खदबदाने लगते हैं, तो वे किसी भी मौके पर विस्फोटक हो उठते हैं। शहर में रिक्शा टकरा गया। कत्ल हो गया। दंगा हो गया। कर्फ्यू लग गया। शहर, गाँव, महानगर कहीं भी ज़रा-ज़रा सी बात पर तनाव हो जाता है। यह वही जिन्दगी के भीतर की मनोव्यथाएँ हैं जो फूटकर बाहर निकल पड़ती हैं।

एक सामाजिक मनोव्याधि-सी समाज में घर करने लगी है। धर्म, जाति, कुल, मरजाद, पर्सनल इज्जत उसके निकलने के बहाने होते हैं। देखा जाए तो यह स्वाभाविक है। तेज विकास की स्पर्धाएँ, इच्छाएँ और स्पर्धात्मक ईर्ष्याएँ मूलतः भावनाएँ ही हैं। सामान्य जन उच्चतम बौद्धिक स्तर के नहीं होते। वे सहज व्यवहारी होते हैं। एक बड़े जन समाज में पर्सनल व्यवहार समूहगत व्यवहार सब मिक्स रहते हैं।

पेट की भूख से ज्यादा किसी मिथक अभिमान इज्जत की बात अचानक शक्ति बन जाती है। केन्द्र में होती भूख ही है। उजड़े सामन्त की भूख। हर व्यक्ति का मन एक छोट-छोटे सामन्त की तरह पहले इज्जत की बात करता है। इससे भाषा में हिंसा पैदा होती है। भाषाई हिंसा के अनेक स्तर हैं। हरेक की भाषाएँ हैं। इतनी विकसित भाषाएँ नागरिक समाज का निर्माण नहीं करतीं। अन्ततः हम भाषा को भाव से बाँधकर चलते हैं। भाषा का एक काम भाव को नियन्त्रित करना, विचार को बढ़ाना भी है। वह नहीं होता। लेकिन यह दौर स्वाभाविक है। इसमें से भी भाषा बनेगी। जनतन्त्र तभी सहने और कहने वाला बनेगा। हाँ, उसमें वक्त लग सकता है। कानून व्यवस्था तो तात्कालिक रास्ते हैं। असल रास्ते लम्बी विचार प्रक्रियाओं, बहसों से निकलते हैं। हर फौजदारी के बाद एक ही रास्ता बचा करता है, बातचीत। बातचीत के लिए जगह बनानी पड़ती है। भाव के लिए जगह बनानी पड़ती है। नागरिक भाव संसार के लिए नागरिक भाषा बनानी पड़ती है।

12 दिसम्बर, 2007

अंग्रेजी की तंग-नजरी

बहुत दिनों बाद अंग्रेजी मीडिया की खबर ली गयी है। खबर प्रख्यात अंग्रेजी मीडियाकर्त्री और लेखिका ने ली है। दिन-रात उच्च भ्रू-भाव में रहने वाले, सत्ता के गलियारों को, राजकाज को रीति-नीति सिखाने का दम्भ भरने वाले अंग्रेजी मीडिया को ये बातें भली नहीं लगने वालीं : 'अंग्रेजी मीडिया तंग-नजरी का शिकार है। वह जमीनी यथार्थ से बहुत दूर आ पड़ा है। वह अपने आसपास के यथार्थ को आँखें खोलकर देखने की ताब नहीं लाता। बहुत जल्द उसे हाशिये पर आ जाना है और ऐसा जल्दी ही होगा। अब कौन उसकी परवाह करता है? क्षेत्रीय प्रेस अब नीति सम्बन्धी मसलों को तय करता है। वही सोच विचार को प्रभावित करता है।' ('सोसाइटी'/फरवरी 2008)

ये बातें शोभा डे ने कही हैं जो स्वयं अंग्रेजी सम्पादक रही हैं, जो प्रसिद्ध अंग्रेजी लेखिका हैं और उस सेलिब्रिटी सोशलाइट जमात से हैं जो कि अपनी उपस्थिति से अपने होने का, ताकत का बोध करा सकती हैं।

शोभा डे मानती हैं कि भारतीय समाज के परिवर्तनों के बारे में अंग्रेजी मीडिया ज्यादा नहीं जानता। कई बार परिवर्तनों का उसे भान तक नहीं होता। कम से कम दो उदाहरण वे देती हैं—एक मायावती के आने का, उनकी अनपहचानी लोकप्रियता का और दूसरा नरेन्द्र मोदी का। आरम्भ में मायावती को अंग्रेजी मीडिया ने ज्यादा भाव नहीं दिया था। जब वे जीतकर आ गयीं तो उनकी जीत अंग्रेजी मीडिया को पची नहीं। नरेन्द्र मोदी की जीत के बारे में मीडिया को सन्देह ही था। शोभा डे का तो यहाँ तक कहना है कि अंग्रेजी मीडिया न केवल निचली सतहों पर होने वाले परिवर्तनों को नहीं जान पाता, बल्कि जब हो जाते हैं तो उनके होने को भी नहीं मानता। इसी अर्थ में वे अंग्रेजी मीडिया को तंग नजरी का शिकार मानती हैं, जो आगे नहीं देख पाता। वे कहती हैं कि हमारे अंग्रेजी मीडिया के लोग अब भी पूछते रहते हैं कि क्या आपने वो कालम पढ़ा? कोई क्या पढ़े? लोग जान गये हैं कि अब अंग्रेजी मीडिया असंगत हो उठा है।

हम जानते हैं कि चुनाव के बाद मायावती मीडिया को दमड़ी के सेर भाव नहीं पूछती और मोदी ने अंग्रेजी मीडिया के साथ चुटकी तक ली कि अगर आप अब भी

यथार्थ को माने लें तो...

अंग्रेजी मीडिया के प्रति इस कदर बेपरवाह हो उठना मीडिया को लेकर कुछ नेताओं का नया आचरण है जो बताता है कि कमान मीडिया के हाथ में नहीं है। कमान अब पब्लिक या उसके नेता के हाथ में है। वह चाहे तो मीडिया को लिफ्ट दे, चाहे न दे। जाहिर है हमेशा ही अपनी नाक ऊँची कर चलने वाले अंग्रेजी मीडिया के लिए यह उपेक्षा खासी अपमानजनक है।

मोदी और मायावती अलग अलग राजनीतिक शख्सियतें हैं। आप मोदी या मायावती की नीतियों के आलोचक हो सकते हैं, लेकिन मीडिया के साथ उनका नया हिकारत भरा सलूक एक दिलचस्प घटना है। सदा ही उच्च भ्रू रहने वाले अंग्रेजी मीडिया पर यह टिप्पणी की तरह भी है।

शोभा डे के विचारों में दम है। अंग्रेजी मीडिया अपने अंग्रेजी रोगों से ग्रस्त हो चला है। शोभा डे आगे कहती हैं कि यह सही है कि मीडिया अधिक जीवन्त हुआ है, मगर अधिक छिछला भी हो गया है। कारण वही है जो अमरीकी मीडिया में हुआ। सब चीजों को कैप्सूल की तरह देने का परिणाम यही हो सकता था कि सब कुछ कैप्सूलित हो जाए। कोई सार्थक अन्तर्क्रियात्मकता न रहे। पाठक-दर्शक की अनेक अर्थ-बनाने की आजादी और कल्पना उसमें न आ-जा सके। यह समाचारों में एक प्रकार की ग्लोबल शिफ्ट है कि खबर ऐसी हो जो सुपाच्य हो, अच्छी पैकिंग हो। कोई कष्टकारी कमेंट न हो, टीका न हो।

हम बहुत कुछ अपने अनुभव से भी ऐसा मानते हैं कि अंग्रेजी मीडिया बीमार है। जरा आप उसका समग्र रूप देखें। आप किसी भी अंग्रेजी अखबार या चैनल का रूप देखें। खबरों का वितरण, विविधता और प्रस्तुति देखें। वह एक जैसे मेट्रोई कैप्सूल हैं, जिनकी दौड़ वाशिंगटन-नई दिल्ली, हॉलीवुड से बॉलीवुड तक रहती है। विचारकों के विचार देखें, सम्पादकीय पेज देखें। वे बेहद सीमित आसमानी बातें करते नजर आते हैं, जो चन्द लोगों के लिए लिखी जाती हैं। यह एक प्रकार का क्लब कल्चर है जो अंग्रेजी मास मीडिया को हाँक रही है। उनमें स्थानीय गलियों का यथार्थ कम रहता है। क्षेत्रीय मीडिया इस मानी में यथार्थ से ज्यादा नजदीकी रहता है। वही उसका आईन भी है। अंग्रेजी मीडिया निचले समाजों का आईना नहीं है। निचली परतें सबसे ज्यादा बेचैन हैं। अंग्रेजी मीडिया वहाँ पहुँचने में अक्षम है। इस अक्षमता के बावजूद वह अपना रुतबा बढ़ा-चढ़ाकर रखता है। शोभा डे की तीखी टिप्पणी के बाद अंग्रेजी मीडिया को अपने रुतबे को अपनी जेब में रख लेना चाहिए।

उपभोक्ता क्रान्ति का यह सबसे पाजिटिव परिणाम है कि मीडिया की कमान और जान पाठक दर्शक उपभोक्ता के हाथ में आ गयी है। पाठक ध्रुवता ने देशज भाषाई मीडिया की ध्रुवता को जन्म दिया है। सारे ब्राण्ड विज्ञापन हिन्दी के मास मार्केट में पहले आते हैं। इसीलिए अंग्रेजी मीडिया अब पुराने ढंग का 'कमाऊ' पूत

नहीं रह गया है। हिन्दी मीडिया ज्यादा कमाई करने लगा है। अंग्रेजी मीडिया दिमागों को इसलिए हिन्दी मीडिया को हल्का, दोयम या मजबूरी मानना बन्द कर देना चाहिए।

अंग्रेजी प्रभुओ! गऊ-पट्टी की गैया के सींग निकल आए हैं। सावधान!

3 फरवरी, 2008

हिन्दी वाला सबका भाई

हिन्दी वाला हँकाला जा रहा है। हिन्दी संस्कृति पिट रही है। हिन्दी अस्मिता के चिह्नों को अस्पृश्य बनाने की कोशिश हो रही है। अपमानित हो रही है। हिन्दी के सारे साहित्यिक सूरमा, तीसमार खाँ चुप हैं। शायद उन्हें अपने हिन्दी होने पर भरोसा नहीं है। वे शरीफजादे ठहरे। क्या बोलें?

मराठीवादी अन्धता के विरोध में एकाध मराठी कवि जरूर बोले हैं। बाकी का नाम नहीं दिखता है। मराठी मानुस के आगे मराठी उदार साहित्य परम्परा मूक बधिर हो चली है। यह वहाँ के साहित्य में शिवसेना फैक्टर है, जिससे कभी दोचार नहीं हुआ गया।

हिन्दीवालों को लेकर इस कदर हिकारत के कारण आर्थिक हैं। रोजगार के बाजार में बढ़ती स्पर्धा के हैं। वे अस्मितामूलक जगह से बोलते हैं, लेकिन यह भूल जाते हैं कि दूसरे की अस्मिता को ललकारकर आप दूसरे की अस्मिता को जगा और बना रहे हैं। कल को वो बोलेगा तो क्या होगा? आप नहीं सोचते।

यहीं भारत की सब भाषाओं का नाजुक मुकाम है। उनमें अनेक भाषाई मिक्सिंग चल रही है। हिन्दी में वे मिक्स हो रही हैं। हिन्दी उनमें मिक्स हो रही है। यह अभूतपूर्व मल्टी कल्चरल प्रक्रिया है, जो चल रही है। हिन्दी 1991 के सर्वे में करीबन चौंतीस करोड़ की मातृभाषा कही गयी। अब सर्वे हो तो वह चालीस पैंतालीस करोड़ की मातृभाषा कहलाएगी। इतनी बड़ी भाषा को यों दुरदुराने वाले ये शायद नहीं सोचते कि जवाब में हिन्दी भी बोली, तो क्या होगा?

हिन्दी एक सर्वग्राही भाषा है। वह बढ़ रही है। बाजार में हिन्दी का बोलबाला है। अंग्रेजी के बड़े-बड़े सूरमा हिन्दी को नमन कर रहे हैं। अंग्रेजी के मानी गुमानी हिन्दी में अपनी किताब लाने छपने को तरसते हैं। नौकरशाह अंग्रेजी में बूँकते हैं, मगर रोते अपनी-अपनी मातृभाषा में ही हैं। हिन्दी के नौकरशाह अंग्रेजी में टहलते हों, मगर शरण हिन्दी में ही पाते हैं। हिन्दी सब जानती-सहती-हँसती है।

हिन्दी बाजार में कमाई की भाषा है, आपकी कम्पनी की सफलता निचले हिन्दी के बाजार तक अपना सामान बेचने में है और वो तब तक नहीं होता, जब तक आप हिन्दी की, हिन्दी वाले की नब्ज न पहचानें। इस हिन्दी वाले की नब्ज को दुखाइए

मत। हिन्दी इन दिनों ऐसी बाजार भाषा बन चली है, जो मजबूर करती है कि उसे जानिए समझिए बोलिए। वह हिन्दी बाजार-विनिमय की भाषा है। वह सड़क की भाषा है। अधिसंख्य मजदूर, किसान, रिक्शे, हाथठेले, भीड़, मेले, मंथली, मनीआर्ड, मिठाई, दवाई की भाषा है। चालीस पचास करोड़ का बाजार जो भाषा सम्भालती है, उससे दूर भागकर पेट भरना किसी के बस का नहीं।

मगर हिन्दी वाला किसी का मजाक नहीं उड़ाता। आप गलत हिन्दी बोलें तो हिन्दी वाला उसे भी मजेदारी से लेता है। वह उसे अपनी एक शैली मानता है। उससे दूर नहीं भागता, खुश होता है। वह इस मायने में निहायत अहिंसक है। भाषा के लिए उसने कभी हिंसक काम नहीं किये। उसमें एक अबूझ-सा विश्वास है कि हिन्दी उसकी भाषा है और उसका काम चलाती है। दूसरी भाषा से उसे बैर नहीं है। कुछ लोग अंग्रेजी से खतरा मानकर चिल्लाया करते थे, अब वे भी समझने लगे हैं कि हिन्दी को किसी से खतरा नहीं है। यह हिन्दी वाला ही होता है जो अपनी हिन्दी का मजाक धड़ल्ले से उड़ाता है और अपने पर जमकर हँसता है। अरे वो भी क्या हँसना कि आप जब हँसे तों शराफत में 'मन ही मन' हँसें? जरा बताइए तो कि 'मन ही मन' कैसे हँसा जाता है? यारो हँसना तो तन्दुरुस्ती की निशानी है। हिन्दी फक्कड़ भाषा है। हिन्दी धड़ल्ले की भाषा है। हिन्दी वाला अपनी गरीबी के कारण दीन है डरा हुआ है। इसलिए आपको 'गन्दा' लगता है। हिटलर को भी यहूदी गन्दे लगा करते थे। आप हिटलर बनेंगे, तो हिटलर की दयनीय कामिक कार्टून कापी ही बनेंगे। जब हिन्दी बोल के पास ताकत आएगी तो क्या होगा भाई जी? संसद में हिन्दी सांसद दो सौ से ज्यादा हैं, जरा जुबान सम्भाल के बोलें।

हिन्दी वाला सब कुछ अपनाता है। हिन्दी गानों पर कौन-सी भाषा नहीं नाँच-गा रही है? बॉलीवुड ने मुम्बइया मराठी भाषा का कितना पुट नहीं मिलाया है, क्या कभी किसी हिन्दी वाले ने कहा कि ये क्या हो रहा है? हिन्दी वालों ने उन्हें भी अपना लिया। हिन्दी क्षेत्रों में सारी भाषाओं के लोग रहते हैं, क्योंकि हिन्दी वाला मानता है कि वे भी उनके भाई बिरादर हैं, तब आप हिन्दी बोल का विरोध करके सिर्फ इतना बताते हैं कि मराठी भाषी संकीर्ण होते हैं! जी नहीं आप होंगे, मराठी तो नहीं होते, वरना मुम्बई में हिन्दी संस्कृति का सबसे बड़ा उद्योग नहीं पनपता।

24 फरवरी, 2008

हिन्दी भाषा का टू इन वन होना

राष्ट्रीय ग्रामीण स्वरोजगार योजना के एक विज्ञापन में मकान के निर्माण में गारा-मिट्टी-ईंट ढोने वाली औरतें ठेकेदार मानिकरामजी को अंग्रेजी में झिड़कती हैं। मानिकरामजी अपना-सा मुँह लेकर रह जाते हैं। यह विज्ञापन एक अंग्रेजी चैनल पर आता रहता है। यह अंग्रेजी के समकालीन 'पापुलर पपलू' की एक काहनी कहता है। पन्द्रह-बीस साल पहले दूरदर्शन पर रैपिडैक्स इंगलिश स्पीकिंग कोर्स का विज्ञापन आता था कि अंग्रेजी सीखें। कपिलदेव जी उसको हाथ में लेकर अंग्रेजी सीखने के फायदे बताया करते थे। रैपीडेक्स हिन्दी के जरिये अंग्रेजी सिखाने वाली सबसे ज्यादा बिकने वाली किताब बन गयी।

आज अंग्रेजी 'ग्लोबल युग' की पॉपुलर भाषा है। हिन्दी भी ग्लोबल की पॉपुलर भाषा है। कई कारणों से अंग्रेजी का पलड़ा कुछ भारी है। सब उसे बोलना चाहते हैं गाँवों-शहरों के लोग बड़े शहरों-महानगरों के रहने वाले अंग्रेजी को सीखना-पढ़ना चाहते हैं।

गाँवों और शहरों में जगह-जगह अंग्रेजी सिखाने वाले स्कूल खुल गये हैं। अमीर तो महँगे स्कूलों में अंग्रेजी पढ़ लेते हैं। अब गरीबों की बारी है। उन्हें लगता है कि अंग्रेजी सीखकर जिस तरह बड़ा आदमी और बड़ा बना है, वह भी बड़ा बन सकता है। यह किसी किताब या उपदेश से नहीं पढ़ा, यह स्पर्धात्मक जिन्दगी ने उसे सिखाया है कि अगर उसका बच्चा अंग्रेजी जानेगा तो ज्यादा से ज्यादा आगे जाएगा। उसे अंग्रेजी आनी ही चाहिए। रुपये का कारोबार है। गरीब की नजर में अंग्रेजी ताकत, इज्जत और पैसा कमाने की, विश्व जीतने में मददगार भाषा है।

छठे-सातवें दशक में अंग्रेजी विरोधी आन्दोलन उत्तर भारत में हुए। उसका विरोध कभी बड़ा पॉपुलर था। अब अंग्रेजी सीखने के सिखाने के विज्ञापन आने लगे अंग्रेजी अब दोस्त-भाषा मानी जाने लगी है। दुश्मन साम्राज्यवादी अंग्रेज की भाषा नहीं। हिन्दी के कथित विद्वान् हमेशा की तरह अंग्रेजी के वर्चस्ववाद पर बहस करते रहते हैं, मगर जनता ने अपना चुनाव कर लिया है। वह अपने वक्त के पॉपुलर भाषा के खेल में जाने लगी है। अंग्रेजी सीखने लगी है। जो उसके विरोधी रहे हैं, उनके बच्चे पढ़कर अमेरिका, इंग्लैण्ड में डॉलर और पाउंड कमा रहे हैं। उनकी देखा-देखी उनसे निचले वाले अंग्रेजी सीखने को बेताब हैं। अंग्रेजी के 'मातृभाषी' दो प्रतिशत नहीं हैं।

हिन्दी के मातृभाषी चालीस करोड़ से ज्यादा आँके जाते हैं। इन दिनों हिन्दी मातृभाषी अंग्रेजी बालेना-पढ़ना अपनी जगह है, मगर धन्धे की भाषा अपनी जगह है। अंग्रेजी अब एक इकोनॉमी है। इसमें सब कमाई करना चाहते हैं। कल को चीनी भाषा कमाने वाली बन गयी तो लोग चीनी सीखेंगे। हिन्दी बन गयी तो हिन्दी सीखने लगेंगे। भाषा जब इकोनॉमी चलाने वाली बन जाती है, तब उसकी पॉपुलरिटी सबसे ज्यादा होती है।

हिन्दी में इस तरह हिन्दी का आना, हिन्दी पढ़े-लिखे जनों के लिए बर्दाश्त के बाहर है। उन्हें इससे संस्कृति को खतरा दिखता है, लेकिन विरोध नहीं करते। उनके बच्चे अंग्रेजी में होकर विदेश का वीजा बनवा रहे होते हैं, वे उनके बुलावे पर सैर कर रहे होते हैं, लेकिन जब लेखन की बात आती है तो कहते हैं कि अंग्रेजी से खतरा है। दरअसल ऐसे लोग किसी और को अंग्रेजी सीखते-पढ़ते नहीं देखना चाहते। यह सच है कि ग्लोबलाइजेशन ने अंग्रेजी भाषा को आगे बढ़ने का पर्याय-सा बना दिया है। तकनीक की क्रान्ति के अगल-बगल रहनेवाली अंग्रेजी तकनीकी प्रबन्ध क्रान्ति की भी वाहिका नजर आती है। पहले वह मेडिकल-इंजीनियरी की वाहिका थी, इसलिए लोग पढ़ते थे। इस तरह ज्ञान के उच्चतर कोशों की भाषा के रूप में अंग्रेजी ने अपनी स्वीकृति बनायी है। इसे मानने से इनकार करना मूर्खता है। इस अंग्रेजी-व्याप्ति से हिन्दी ही नहीं, सब भाषाओं के लोग परेशानी महसूस करते हैं, मगर यह यथार्थ है।

मातृभाषा परिवार की होती है। पॉपुलर भाषा बनती है, बनायी जाती है। पॉपुलर कल्चर एक सहजात कल्चर नहीं होती, बनायी गयी कल्चर होती है, जिसमें सामाजिक आर्थिक मूल्यों का निवेश होता है। कोई भी चीज सेंत में पॉपुलर नहीं बन जाती। वह तभी पॉपुलर बनती है, जब उसकी कोई तात्कालिक या दीर्घकालिक उपादेयता होती है। पॉपुलर का तर्क इसी मानी में कोरी विज्ञापनबाजी पर नहीं चलता। जब तक चीज अपनी कीमत अदा नहीं करती, वैल्यू फॉर मनी नहीं देती, कोई नहीं खरीदता। अंग्रेजी 'खरीदते' हैं। उससे कमाई करने के लिए। उसे पढ़कर कुछ मिल सकता है। यह भाव जब तक है, तब तक उसे चारों तरफ रहना है।

हिन्दी समाज ने अंग्रेजी से सही वक्त पर मित्रता गाँठी है। वह अपने भीतर अंग्रेजी के शब्दों का समावेश कर काम चलानेवाली है। बहुत से रोजमर्रा के अंग्रेजी शब्द हिन्दी में रहने लगे हैं। हिन्दी अपने संकर, तरल और लचीले स्वभाव के कारण अंग्रेजी के शब्दों को हिन्दी में मिलाकर काम करती है। हिन्दी 'टू इन वन' बनना चाहती है। यह हिन्दी की अपनी ताकत है, जो बढ़ रही है। जिस दिन उसे खरीदकर लोग चन्द पैसे कमाने की स्थिति बनती देखेंगे, अंग्रेजी की जगह हिन्दी ही बिका करेगी। हिन्दी पॉपुलर है। उसे अंग्रेजी से टक्कर में आगे आना है तो पूरा पैकेज देना होगा।

मार्च, 2008

हम हिन्दी हैं!

बिजनेस स्टैण्डर्ड की होर्डिंगें दिल्ली में लगी हैं। एक कहती है :

'हम बाजार को सरल करके बताते हैं।' कैच लाइन आती है :

'हम हिन्दी हैं'– बिजनेस स्टैण्डर्ड 'हम हिन्दी हैं'।

यह नारा कोई साहित्यकार या नेता नहीं दे रहा, बल्कि देश का एक जाना-माना बिजनेस पेपर दे रहा है। और यह नारा तब दे रहा है, जब महाराष्ट्र से अन्ध मराठीवादी कुछ नेता हिन्दी भाषियों को वहाँ से हंकालने की फासिस्टिक गुण्डई पर उतरे हुए हैं। यह अन्धभाषावाद का एक जवाब है जो 'बिजनेस स्टैण्डर्ड' दे रहा है।

हिन्दी बदल रही है। उसे यही बाजार और बाजार का मीडिया बदल रहा है। 'इकनॉमिक टाइम्स' के हिन्दी में आने के साथ ही 'बिजनेस स्टैण्डर्ड' भी हिन्दी में आ गया है। यह हिन्दी मीडिया के इतिहास में एक युगान्तकारी घटना है। यह एक ही साथ पाठक की प्रोफाइल के बदलने और बिजनेस मीडिया के पाठक दोस्त होने का प्रमाण है। हिन्दी मीडिया अपने अब तक के इतिहास में पहली हिन्दी में वित्त और व्यापार की खबरें इतना एक्सक्लूसिव होकर दे रहा है। हिन्दी बाजाप्ता ग्लोबल वित्त व्यापार की भाषा बन रही है। यह हिन्दी मीडिया और हिन्दी भाषा दोनों की ग्लोबल मुक्ति का चरण है। यह मामूली बात नहीं है।

निश्चय ही अंग्रेजी के संस्करणों की सामग्री हिन्दी में रूपान्तरित हो रही है, मगर बजट के बारे में जब बिजनेस स्टैण्डर्ड मुख्य खबर बनाता है : 'सचमुच जश्न-ए-बहारा है...' तो हिन्दी खिल उठती है। बिजनेस की खबर देती, वित्त की खबर देती, उसकी टीका करती, हिन्दी ज्यादा नहीं दिखी है। अब दिखने लगी है और ज्यादा दिखनी है। ज्यादा पढ़ी जानी है। गुनी जानी है। ज्यादा लिखी जानी है।

हिन्दी की कैद उसका सिर्फ साहित्यिक हो रहना है। इससे हिन्दी एक हद तक तो विकसित हुई, लेकिन अन्य ज्ञान क्षेत्रों में वह नहीं जा पायी। समाज विज्ञानों को सरल भाषा में नहीं कह पायी। हिन्दी में वाणिज्य और अर्थशास्त्र को सरल नहीं बना पायी। अब एक अखबार कह रहा है कि हम बाजार को सरल करके बताते हैं तो एक बड़ी बात कह रहा है। अब शायद बाजार की असल हिन्दी बने।

इकोनॉमिक टाइम्स यानी 'ई टी' सीधी बात पर जोर देता है। ईटी जिस हिन्दी

में काम कर रहा है, वह बेहद मेहनत से बनायी गयी हिन्दी है। उसमें पाठक को कठिन बातें सरल ढंग से समझाने पर जोर है यानी सीधी बात करने पर जोर है। बिजनेस स्टैडण्ई का तो नारा ही है : हम हिन्दी है।

बजट के बारे में इकोनॉमिक टाइम्स हेडलाइन लगाता है :

'चुनावी बजट ने बोये तगड़ी फसल के बीज', 'किसानों को बम्पर कर्ज माफी', 'कर दाता को सौगात'। पहले पेज पर कन्धें पर हल रखकर जाते मुस्कराते पीएम मनमोहन सिंह का चित्र है। 'चिदम्बरम की इस 'रचना' की नामचीन लोगों ने की समीक्षा' शीर्षक देकर बॉटम चित्रावली में देश के नामी गिरामी उद्योगपति अम्बानीज, मार्क्सवादी महासचिव प्रकाश करात से लेकर विज्ञापन के उस्ताद पीयूष पाण्डे तक शामिल हैं। यानी बजट एक 'होलसम' खबर की तरह है। यह ईटी की सीधी बात है।

यहाँ हिन्दी के 'अंग्रेजी क्यों' वाला शुद्धतावादी सवाल नहीं उठ रहा है। असल सवाल उपभोक्ता के हित में कारोबार, वित्त, वाणिज्य की छोटी बड़ी बातें समझाने का है। वही तो बाजार है।

पिछले अरसे से हिन्दी समाज बदला है। यहाँ स्टॉक से जुड़ा, उपभोक्ता बाजार से जड़ा एक बड़ा मध्यवर्ग पनपा है। इसने बजार में पैसा लगाया है। कारोबार की खबरों की इसे नित्य जरूरत रहती है। इसी की खातिर 'जी' ने अपना बिजनेस चैनल लांच किया था जो कि हिन्दी जनता में लोकप्रिय रहा है। हिन्दी में स्टॉक बाजार की खबर के लिए लोग अंग्रेजी का इकोनॉमिक टाइम्स तक पढ़ते हैं खासकर वे पेज जिनमें स्टॉक के आँकड़े दिये होते हैं। अब वे हिन्दी में ही असल खबर लिया करेंगे। यह बड़ी बात है।

यही है वह हिन्दी पाठक जो बदला है। अब वह पुराने ढंग का पाठक नहीं है जिसे दुनिया से कोई मतलब ही नहीं है। वह दुनिया को जानना चाहता है। और सबसे ज्यादा दुनिया को चलाने वाले आर्थिक पक्ष को जानना चाहता है, क्योंकि उसमें उसके भी दाँव लगे हैं। हिन्दी की यही बाजारी ध्रुवता है, जिसे हिन्दी के साहित्यिक किस्म के लोग नहीं जानते, जिसे मीडिया के बारे में अन्ध-स्वदेशवादी ढंग से सोचने वाले नहीं पहचान पाते।

जब एक नितान्त नया पाठक वर्ग सामने खड़ा हो तो मीडिया को उस तक अपने आप पहुँचना होता है, वह पहुँच रहा है। इकोनॉमिक टाइम्स या बिजनेस स्टैण्डर्ड ऐसे मीडिया घरानों के हिस्से हैं, जो अपने संस्करणों को तभी बाार में डालते हैं, तब वे अपने पाठकों का पक्का पता लगा लेते हैं। यदि यह नया हिन्दी पाठक न बना होता तो वे हिन्दी में न आये होते और न कहते होते कि 'हम हिन्दी हैं।'

'हम हिन्दी हैं' कहा। 'गर्व से कहो हम हिन्दी हैं' नहीं कहा। कारण है मीडिया अन्ध हिन्दी भाषावादी नहीं हो सकता है। उसका यह कहना कि 'हम हिन्दी हैं' बताता है कि हिन्दी के साथ वह एक भाव/पैशन के साथ जुड़ना चाहता है। वह हिन्दी

पाठक के 'हिन्दी वाला' होने के भाव को जगाना चाहता है।

जिन दिनों हिन्दी साहित्यकार तक 'हम हिन्दी हैं' कहने में शर्म-सी महसूस करते हों, उन दिनों एक बिजनेस पेपर का कहना कि 'हम हिन्दी हैं' हिन्दी को सहज गर्व से भर देता है।

इन अखबारों को पढ़-पढ़कर जल्द ही हिन्दी का पाठक बिजनेस की हिन्दी जान जाएगा। उससे उसका और हिन्दी का कल्याण होगा।

2 मार्च, 2008

हिन्दी शिक्षण में चाहिए बदलाव

उच्चतर शिक्षा में बदलाव की जरूरत है। सारे अनुशासन बदलाव चाहते हैं। मानविकियों से जुड़े पाठ्यक्रम बदलाव चाहते हैं। बदलाव वक्त की माँग है। ग्लोबल वक्त में तेज बदलाव है। जानकारियों में बदलाव है। तकनीक ने जानकारियों का जगत् खोल दिया है। ज्ञानानुशासनों में तेज उपद्रव है। ठहराव नही हैं। विज्ञान में, समाज विज्ञान में और मानविकी में आपस में संवाद हो रहा है। अन्तरानुशासनात्मक ज्ञान के नये क्षेत्र खुल रहे हैं। हर पल ज्ञान के नये से नये अर्जन और उपयोग पर बहस हो रही है।

ज्ञान आयोग की रिपोर्ट को पढ़ने से पता चलता है कि असल समर ज्ञान और उसके उपयोग को लेकर है। लड़ाई सड़क या बॉर्डर पर तय नहीं हो रही, ज्ञान के निर्माण और विविध उपयोग या नियन्त्रण से तय हो रही है।

दिल्ली विश्वविद्यालय इस बात का जीता जागता प्रमाण है कि वह ज्ञान के इस नये समर में अपने को अग्रणी बनाने के लिए कमर कस चुका है। कोर्स लगातार बदल रहे हैं। शोध अन्तरानुशासनिक होने लगे हैं। परम्परागत सालाना इम्तहानों का युग विदा होने को है। सेमेस्टर प्रणाली आने को है। सालाना परीक्षा प्रणाली ब्रिटिश कोलोनियल विरासत है जबकि सेमेस्टर ग्लोबल जगत् की मान्य प्रणाली है। उच्चतर शिक्षा के जगत् में अब यह मान्य हो चली है। जेएनयू में तो यह पहले से ही रही है।

भारत ने आने वाले दिनों की चुनौतियों को समझते हुए उच्च शिक्षा में गुणवत्ता लाने की बात सोची है और अनेक केन्द्रीय विश्वविद्यालय बनाने का प्रस्ताव आ रहा है। यह मामूली बात नहीं है। ज्ञान के विश्वयुद्ध में भी भारत को अगर आगे रहना है तो यही करना होगा। आईटी, मैनेजमेंट और विज्ञान में भारत पहले ही आगे-आगे रहा है। अब वह समग्र रूप में अपने को विश्व में रखना चाहता है।

यदि हम हिन्दी की उच्च शिक्षा और शिक्षण की बात करें तो यह देख अचरज ही हो सकता है कि हिन्दी में उच्चतर शिक्षा अपने समय से बहुत पिछड़ी नजर आती है। दिल्ली विश्वविद्यालय में बहुत कुछ बदला है। इसलिए आज नये से नये ज्ञान को हिन्दी में ले जाने की बात हो रही है। मगर हिन्दी क्षेत्रों में अन्य विश्वविद्यालय जो हिन्दी को कई महत्त्वपूर्ण विषय के रूप में पढ़ाते हैं, वे बदलने में काफी आनाकानी करते हैं। उन पर साहित्य के अध्ययन की पुरानी पद्धति हावी है।

कहते हैं कि उच्चतर हिन्दी के पाठ्यक्रम तब पहली बार बने जब पिछली सदी में श्यामसुन्दर दास, रामचन्द्र शुक्ल जी थे। तब जो पाठ्यक्रम बना वही कमोबेश रूप में रहा आया। इसका उद्देश्य साहित्य का अध्ययन कराके विद्यार्थी को राष्ट्रीय मूल्यों की परम्परा से गर्व से परिचित कराना होता था और साहित्य का हर विद्यार्थी अन्ततः एक 'रसिक' बनकर निकलता था जो साहित्य को सराहने का, उसकी अच्छाई-बुराई बताने का काम कर सकता था। रस, छन्द, अलंकार और आदि काल, भक्ति काल, रीतिकाल उसे साहित्य के गर्व से भरते थे।

इसे हम हिन्दी के उच्चतर पाठयक्रम पढ़ाने वाले विश्वविद्यालयों के शिक्षकों की एक प्रोटोटाइप के रूप में समझ सकते हैं। उच्चतर हिन्दी का प्राध्यापक इसी सामग्री से बनता था। एम ए करके रिसर्च करता और प्रवक्ता बनता। वह विद्यार्थियों को वही-वही देता जो उसे मिला होता था। वह जिस गुरु-शिष्य परम्परा में दीक्षित होता, उसी गुरुडम और शिष्य परम्परा के मानक स्थापित करता हुआ मिलता। आज तक यही परम्परा जारी है। संगीत में गुरु-शिष्य परम्परा चलती है। क्योंकि यह संगीत के अनुशासन की सीमा रही। लेकिन साहित्य में भी उसी तरह से बनी रही। यह अचरज की बात रही। जबकि साहित्य संगीत की तरह नहीं पढ़ाया जाता रहा। हर चेला कवि नहीं बनाया जाता, जिस तरह गायक का चेला गायक बनता है। मगर होता यही रहा है, आज भी जारी है कि हर उच्चतर इलाके में गुरु-शिष्य परम्परा अपने जराजीर्ण रूप में जमी हुई है। यह ज्ञान विरोधी वातावरण के निर्माण में मदद करती है। इकोनॉमिक्स या मैनेजमेण्ट या आईटी पढ़ा छात्र अपने गुरु को साष्टांग दण्डवत नहीं करता जबकि हिन्दी वाला न करे तो गुरु नाराज हो जाते हैं और उसका भाग्य दुर्भाग्य में बदल जाता है। यह स्थिति ज्ञान की दुश्मन है। इसीलिए ढेर सारे हिन्दी पढ़े-लिखे लोग अजीब हाइरारकी के शिकार होते हैं। वे हर बार हाइरारकी बनाते हैं। उनका मूल्यबोध हाइरार्किकल बना रहता है। ज्ञान उन्मुक्त नहीं होता, जबकि उच्च स्तर पर ज्ञान को मुक्त होना होता है, तभी ज्ञान मुक्त करने वाला बनता है। अन्य भाषा पाठ्यक्रमों में भी कमोबेश ऐसी ही समस्याएँ हैं। जो उन्हें ज्ञान विपरीत बनाती हैं, वे ज्ञान के प्रति अक्सर प्रतिक्रियात्मक होते हैं। यही भारी समस्या है।

हिन्दी क्षेत्र के ज्ञान के पिछड़ेपन का एक बड़ा कारण अन्य ज्ञानों के प्रति, नये ज्ञानों के प्रति एक प्रकार का सन्तुलन का, भाव है, इसलिए उसमें अन्य ज्ञान को, नये ज्ञान को आसानी से आने नहीं दिया जाता।

समाजशास्त्रों की अच्छी नयी किताबें अंग्रेजी में पढ़ी जाती हैं। हिन्दी में उनके अनुवाद तक कोई नहीं करता। न उनकी तर्ज पर अच्छी किताबों को लिखने का चलन है। ज्ञान की पूरी सशक्त और प्रामाणिकता से भागा जाता है। पल्लवग्राही कामचलाऊपन से काम चलाया जाता है, जिसका एक परिणाम कुंजीवाद होता है तो दूसरा रिसर्च में नकलवाद।

'ज्ञान को पंथ कृपाण की धार' होता है, यह हमेशा सच है कि ज्ञान का कच्चापन भयानक अज्ञानी बनाता है और सच्चापन ताकत देता है। हिन्दी में जो ज्ञान है, वह साहित्य में है जिसे किसी हद तक कुछ मौलिक कहा जा सकता है, मगर सिर्फ साहित्य से पेट नहीं भरा जाता। साहित्य रहे, मगर उसके साथ हिन्दी की बदल रही जरूरत की चीजें भी जुड़ें, क्योंकि हिन्दी जनता की जरूरतें बदल रही हैं। उसे ऐसी हिन्दी में ऐसी उच्च शिक्षा चाहिए जो उसे दो वक्त की रोटी कमाने लायक बना सके। इसीलिए आज हिन्दी का विद्यार्थी ऐसे पाठ्यक्रमों में ज्यादा रुचि रखता है जो उसे उत्पादक ज्ञान दें। उसे अनुवाद करने का, मीडिया कार्य करने का ज्ञान दें। ऐसे कोर्स पॉपुलर कोर्स कहलाते हैं और खूब चलते हैं। आईएएस के लिए भी हिन्दी में अन्य अनुशासनों के अच्छे स्तर की हिन्दी सामग्री की जरूरत रहती है, इसलिए भी उच्चतर पाठ्यक्रमों पर दबाव है। स्पर्धा के इस युग में यह दबाव बढ़ने हैं, इसलिए हिन्दी के उच्चतर स्तर के पाठ्यक्रमों को, शिक्षण परीक्षण पद्धति को बदलना ही होगा।

मई, 2008

बढ़त बनाती हिन्दी

अंग्रेजी मीडिया वाले, इन दिनों सचमुच विचारने लगे हैं कि क्या वाकई हिन्दी के भाव बढ़े हुए हैं? इस लेखक से पिछले पखवाड़े भर में एकाधिक बार अंग्रेजी के कुछ पत्रकार पूछ चुके हैं और स्टोरी छाप चुके हैं कि क्या वाकई ऐसा हो रहा है? ऐसा है तो क्यों है? और हिन्दी में ऐसा क्या बदल गया है कि ऐसा हो रहा है?

वे चकित हैं कि ऐसा क्या हो रहा है, मगर उनको भी खबर हो गयी है। हिन्दी में बहुत कुछ ऐसा हो रहा है जो सोचा—नहीं गया था। इसे देख अंग्रेजी प्रकाशक तो पहले ही अपने आश्चर्य को समझकर हिन्दी को छापने के लिए आ गये थे। अब अंग्रेजी पत्र-पत्रिकाएँ इस खबर पर बात करने को उत्सुक हैं कि हिन्दी अपने बल पर चलने-दौड़ने लगी है।

उक्त सवालों के जवाब बड़े साफ हैं। वे किताबी नहीं हैं। रोजाना के अनुभव में बनते नजर आते हैं। मसलन हिन्दी इसलिए बढ़त पर है, क्योंकि हिन्दी समाज में निचले स्तरों पर बड़ी गहमा-गहमी है। संक्रमण है। जिसका कारण विकास और बाजार की तेज प्रक्रिया है। उपभोक्ता बाजार ने हिन्दी को एक जरूरी माध्यम बना दिया है, जिसके जरिए कोई विक्रेता अपने माल को जनता तक पहुँचा सकता है। चालीस करोड़ की आबादी वाले विराट् बाजार में रहने वाला आम हिन्दी वाले के पास कुछ पैसा आया है, जिसके जरिए वह कुछ काम की चीजें खरीद सकता है। उसकी मांग, जाहिर है हिन्दी भाषा के माध्यम से सुनायी पड़ती है। उसे हिन्दी में ही समझाना पड़ता है, इसलिए हिन्दी के नये जरूरी उपयोग और प्रयोग सामने आ रहे हैं।

बेचने वाले और खरीदने वाले के बीच जिस भाषा का निर्माण हो रहा है, वह नये तरह की हिन्दी है। इस विनिमय प्रक्रिया के लिए जरूरी कई काम-काज पैदा हो रहे हैं। एजेण्डे पैदा हो रहे हैं।

हिन्दी के पढ़ने-पढ़ाने वालों पर इस बात का गहरा दबाव पड़ने लगा है कि वे अपने पढ़ने-पढ़ाने के तरीके बदलें। जिस भाषा को पढ़ाकर, जिस साहित्य को पढ़ाकर अब तक हिन्दी के पढ़ने वाले को किसी हद तक कथित 'साहित्यिक' रुचि वाला बनाया गया, उसकी अभिरुचियों की तृप्ति से उसका पेट तृप्त नहीं हो सका। जो कुछ

वह पढ़-लिख रहा है, उससे उसका रोजगार नहीं बनता। पहली बार हिन्दी भाषा को एक भाषा के रूप में रोजगार के लिए कामकाजी भाषा होने की तैयारी करनी पड़ रही है। हिन्दी समाज और तमाम संस्थाओं की जरूरत है कि वे हिन्दी समाज की जरूरतों के हिसाब से हिन्दी के बोध को बदलें।

यह काम मीडिया कर रहा है। वह हिन्दी पर दबाव डाल रहा है, उसे तेज सफल संवाद की भाषा बना रहा है और उसमें एक प्रकार का 'कॉमर्स बोध' पैदा कर रहा है, उसे बदल रहा है कि वह कॉमर्स की दोस्त बने और उसके मुख्य संवाद की भाषा बने। बड़े संवाद और बड़े विनिमय की भाषा बने। साहित्य की भाषा के अलावा हिन्दी आज बाजार के बीच विनिमय के संवाद की एक सक्षम भाषा बन रही है। इस बाजार-विनिमय में ही हिन्दी की बढ़ती कीमत छिपी है। आज हिन्दी को पढ़ने वाला इस जगत् में अपना भविष्य देखता है, इसलिए उसे आगे बढ़कर पढ़ता है। जाहिर है जहाँ उसे हिन्दी नया ज्ञान दे सकती है वहाँ उसका एकत्रीकरण हो रहा है। और पिछड़े इलाकों के शिक्षा संस्थान तक अब बदलाव की चपेट में हैं।

इससे हिन्दी की स्वीकृति और व्याप्ति के पैमाने बदल रहे हैं। सिर्फ जनसंख्या नहीं आर्थिक क्षमता भी अब भाषा की ताकत का मानक बन रहे हैं। हिन्दी का भूगोल बदल रहा है। हिन्दी के जरिए सूचना का प्रसार बढ़ रहा है। आज अखबार जिला जिला अपने संस्करण निकाल रहे हैं, वहाँ पत्रकारिता एवं अनुवाद तथा कापी राइटर आदि का रोजगार बढ़ रहा है। इसलिए हिन्दी की ओर लोगों का झुकाव हो रहा विनिमय के संवाद की यह हिन्दी न इकहरी है, न हो सकती है। इसमें अंग्रेजी भी रहने लगी है। हिन्दी वाला आगे बढ़ने के लिए 'बाइ-लिंग्वल' या दो भाषाओं को बरतने वाला बनने को आतुर हो रहा है। यही हाल अंग्रेजी वाले का भी है। वह भी हिन्दी के बिना अपना काम नहीं चला पा रहा।

इस तरह हिन्दी में और अंग्रेजी में दो-भाषा समझने-जानने-बरतने वालों की एक पूरी-पीढ़ी सामने आ रही है, जो हिन्दी के जरिए कारोबार करती है। इस हिन्दी में हिन्दी भी होती है, अंग्रेजी भी होती है। इससे हिन्दी की नयी जरूरतें बन रही हैं। द्विभाषिकता एक नयी चीज है। जो हिन्दी क्षेत्रों में घट रही है, जिसके गवाह खराब, अच्छे, तरह तरह के अंग्रेजी सिखाने वाले अंग्रेजी पब्लिक स्कूल और रैपिडेक्स कोर्स हैं।

इस द्विभाषिकता की माँग के पीछे सबसे ज्यादा सक्रियता छोटे शहरों में नजर आती है। बहुत सा आउटसोर्सिंग बीपीओ बिजनेस और बीच के काम छोटे नगरों में पहुँच रहा है। दस-बीस-तीस लाख की आबादी वाले नगरों के नक्शे तेजी से बदल रहे हैं और हिन्दी क्षेत्रों में उपभोक्ता का नया बाजार पैदा हो रहा है।

जरा उन इलाकों से निकलने वाले हिन्दी अखबारों के स्थानीय संस्करणों के

विज्ञापनों के रेट देखें तो पता लग जाएगा कि जिन इलाकों में मीडिया पहुँच रहा है, वहाँ कामकाज के कुछ नये केन्द्र बन रहे हैं और एक नया उपभोक्ता वर्ग बन रहा है जो उन इलाकों को संचालित-सा करता है। इसकी भाषा अंग्रेजी मात्र नहीं है, हिन्दी है, जिसमें अंग्रेजी के शब्द आते-जाते हैं। यहाँ आकर अंग्रेजी वाला भी हिन्दी की तमीज सीखने को विवश होता है। हिन्दी के इस विकास में सबसे बड़ा कारण हिन्दी की बढ़ती कॉमर्सियल संवाद क्षमता है।

13 जुलाई, 2008

भैया और भैया जी

हिन्दी वाले चतुर चुप्पी साधे हैं। यह हिन्दी साहित्यकार की, हिन्दी चिन्तक की शाश्वत अदा है।

हिन्दी के बुद्धि लाल 'चुपाय मारो दुल्हिन मारा जाई कौआ' वाली कहावत पर चलते हैं। अवसर पड़ते ही 'मैं चुप रहूँगी' नामक पुरानी पिक्चर की कहानी की नायिका बन जाते हैं। कहानी की नायिका दमित रहती है। सब सहती रहती है। आखिर तक चुप रहती है। आदर्श बहू है। आदर्श नारी है : 'जिस घर में उसकी डोली आती है, उससे उसकी अर्थी ही जाती है'। उसे परम्परा मालूम है। सब सहना है। विरोध नहीं करना है।

उन्हें हिन्दी में सर्वत्र नित्य गोष्ठी नित्य माला दुशाला प्याला दिखता है। वे जहाँ चरण रखते हैं, वहाँ साहित्य की त्रिवेणी बहने लगती है। उनके पग-पग में साहित्य का प्रयाग होता रहता है। वे जहाँ जाते हैं, वहाँ एक सौ एक बार बाजार और अमेरिका को और बचे-खुचे समय में अंग्रेजी को कोसकर अपनी दिहाड़ी वसूलते हैं।

भैया पिटता रहता है। पिटे। हमने थोड़े कही थी कि वहाँ जाओ! बुद्धि लाल सोचते हैं : भैया के पास है क्या? उसकी हैसियत क्या है? ये तो किसी कविता या कहानी का चरित्र तक बनने लायक नहीं। एक इनाम तक नहीं दे सकता। एक गोष्ठी तक नहीं कराता। गरीब है। तो क्या करें? काम के लिए वहाँ क्यों जाता है। कृषि युग में सतयुग में क्यों नहीं रमता? पिटेगा ही। पाँच हजार साल आदर्श पुरानी संस्कृति में नहीं रमता। पूँजीवादी शहर की ओर भगता है। खेती नहीं करता। यह सब केपीटलिज्म का असर है।

उधर भैया की पिटाई रोज होती रहती है। टीवी पर वह एक खबर की तरह कुछ देर पिटता है। अखबार में एक लाइन बनकर पिटता है। हिन्दी के बुद्धि लाल को बाजार दिखता है। अमेरिका दिखता है। अंग्रेजी का खतरा दिखता है। लेकिन इस बुद्धि लाल को अपना वह गाल नहीं महसूस होता, जिस पर अभी-अभी किसी ने मुम्बई में तमाचा मारा है।

यह हिन्दी के लेखक की अति संवेदनशीलता नहीं तो और क्या है कि भैयों को नित्य पिटता-कुटता देखता है और अपने रंग मंगल में मगन रहता है। हिन्दी का

लेखक नया वाजिद अलीशाह है। वाजिद अलीशाह तब भी रियाया के लिए थोड़ी देर मजबूरी में रो सकता था। इधर के वाजिद अलीशाहों के दर्द का विभाग बन्द है।

हिन्दी के बुद्धि लालों से इससे ज्यादा कुछ नहीं कहना। अब जो कहना है राज ठाकरे जी आपसे कहना है! आप भी हमारे भैया जी हो। बिरादर जी हो! भाई जी हो। अब आपसे जरा दिल की बात कर लें :

सच कहें। हमें तो 'राहुलराज' की बदले टपोरी की भाषा भायी नहीं। आपको सीरियसली ले गया। आपके 'राज' से अपने 'राज' को टकरा बैठा। बेवकूफ आपसे बदला लेने पहुँच गया! गलत किया। निन्दनीय कृत्य किया! आपकी पुलिस क्या उसकी पूजा करती?

लेकिन भैया राज जी! क्या इस निन्दनीय घटना के बाद, एक अदद क्रोधोन्मादित 'भैये' के विक्षुब्ध स्वर को दिल के कानों से कभी सुना है? सोचा है कि क्यों राहुल राज नामक उस बिहारी छोकरे का भेजा फिर गया? क्यों वह बेवकूफ पिस्तौल तानकर चल दिया आपसे बदला लेने? आपको सोचने की आदत नहीं, लेकिन हम तो आपको अपना 'भैया' माने हैं, सो आपके लिए, आपके हित के लिए सोचने को मजबूर हैं।

सोचिए भैया जी! किसी दिन पचास करोड़ हिन्दी भैयों को भेजा फिर गया तो क्या सीन बनेगा?

सीन ये होगा कि महाराष्ट्र को सबसे ज्यादा रोजगार और कमाई देने वाला प्यारा बॉलीवुड उजड़ जाएगा। वहाँ से हट जाएगा। हिन्दी 'टेरीटरी' फिल्मों के बिजनेस के लिए की सबसे बड़ी और बड़ी कमाई देने वाली टेरीटरी है, यही मराठी मानुस और हिन्दी भैयों की 'परस्परता' है।

आपकी नित्य-पिटाई-प्रेरणा से प्रतिप्रेरित होकर सारे हिन्दी भैयों का भेजा फिर गया और उन्होंने बालीवुड का बॉयकाट कर दिया, कोई पिक्चर देखने न आया तो महाराष्ट्र का क्या होगा? इंडस्ट्री ठप हो जाएगी। बचे-खुचे भी 'मराठी मानुस' सड़क पर आ जाएँगे। तब आप और आपके 'भैया' उद्धव कहते ही रह जाएँगे कि मुम्बई मेरे बाप की! सो भैया जी यह पंगा रिस्की है!

आप कार्टूनकार हैं। आप कलाकार हैं। कलामर्मज्ञ होंगे तो समझ सकते हैं कि ये हिन्दी वाला भैया आपसे क्या कह रहा है? जान लें कार्टूनकार ही कार्टून नहीं बनाते। जनता भी बनाया करती है। और जब जनता बनाती है न, तो फिर असल 'कार्टून' बनाती है!

2 नवम्बर, 2008

साहित्य का स्लम

'स्लमडॉग' की कहानी के मूल लेखक को स्लमडॉग के 'जय हो' ने गायब कर दिया है। यह लेखक विकास स्वरूप है, जिन्होंने 'क्यू एण्ड ए' नामक उपन्यास अंग्रेजी में लिखा। 'कौन बनेगा करोड़पति' के इनामी सवाल-जवाब के आइडिया को लेकर यह उपन्यास डैनी बॉयल को भा गया। फिर उसकी इनामी पटकथा लिखवायी गयी और फिल्म बनायी गयी। यह कहानी बतायी जाती रही लेकिन अब यह कहानी कहीं नजर नहीं आती कि विकास स्वरूप का इस सबमें क्या योगदान है?

ऐसा होता है कि एक माध्यम दूसरे को हड़प लिया करता है। उपन्यास को फिल्मी पटकथा ने संशोधित कर दिया, बदल दिया। ऐसा होता है। फिल्में जिन कहानियों पर बनती हैं, वे कहानी खत्म नहीं हो जातीं, फिल्म में आकर 'एक और कहानी' हो जाती हैं।

फर्ज करिए कि विकास स्वरूप की जगह हिन्दी का कोई कथाकार होता। उसकी किताब पर फिल्म बनी होती तो क्या होता? या तो दस-पाँच मुकदमे उस पर हो गये होते या निर्देशक ने कहानी का नाश कर दिया, जैसा अहंकारी आरोप लगता। हो सकता है कि कोई लेखक पर ही नकल करने का आरोप लगाकर मुकदमा ठोंक देता। फिल्म बाद में बनती, पहले मुकदमा निपटता।

हिन्दी का कथाकार गुमान में रहता है। उसे इस बात पर ही ऐतराज हो जाता है कि उनके साथ लोग अब भी प्रेमचन्द का नाम ले बैठते हैं। जाहिल हिन्दी वाले नहीं जानते कि बोर्खेज उसे पत्र लिखते रहते हैं। मारक्वेज रोज उससे बातें करते रहते हैं। हिन्दी में कवियों की संख्या सबसे ज्यादा है। कथाकारों की संख्या हजारों में है। कथा केन्द्रित तीन-चार पत्रिकाएँ निकलती हैं। कई सम्मान दिये-लिये जाते हैं। लेकिन स्लमडॉग जैसी स्लम-कथा किसी के पास नहीं है। हिन्दी कथाओं में गरीब का नाम बहुत बार आता है, मगर उसकी गरीबी नहीं आती। लेखक जानता ही नहीं कि गरीबी का रूप इन दिनों क्या और कैसा है? वह गरीबी से डरता है क्योंकि उसकी अपनी गरीबी अभी-अभी कुछ दूर हुई है। वह कुछ पढ़ा-लिखा हुआ तो गरीबी की रेखा से नीचे रहने वालों की संख्या अखबार में पढ़कर बता देगा, लेकिन ये कभी जानना नहीं चाहेगा कि गरीबी का चेहरा कैसा है?

कई लोग गाँव को ऐसे बताते हैं कि जहाँ गरीब रहते हैं और वे हर दिन सशस्त्र

संघर्ष करते रहते हैं। ऐसी कहानियाँ दरअसल किसी पेंफलेट का नमूना होती हैं। हिन्दी कहानी में शहरी मिलते हैं, लेकिन शहर नहीं मिलता। शहर में गरीब भी रहते है। लेकिन कथा में शहरी गरीबी नहीं मिलती। गरीब अगर नजर भी आता है तो उसका नाक-नक्श, उसका रहन-सहन दिखने में नहीं आता। कोई हेत्वाभास कहानी को रेडिकल बनाये बिना नहीं छोड़ता। कथा बिना ठोस कारण फुफकारें मारती रहती है। इसका कारण है आज के कथकारों में पर्यवेक्षण की कमी। एक लेखक खुद को जादू की पुड़िया वाला मानकर क्रन्दन करता रहता है कि मेरी उपेक्षा हो रही है। कथाकार जंगल का ठेकेदार बन बैठा है। दलितों के पास दलित का ठेका है। औरतों के पास औरतों का है। गजब की सेक्टोरल ठकेदारी है। जंगल है, लेकिन पेड़ों-जानवरों-पक्षियों का वर्णन नहीं है। दलित हैं, लेकिन गुस्सा ज्यादा है। औरतें हैं लेकिन उनके घर का चौके का वर्णन नहीं है, जिसमें वे रहती हैं। शोषण का कथन है, शोषण कहीं है ऐसा नहीं दिखता।

ऐसी अप्रामाणिकता है हिन्दी की कथा में। इसीलिए उसमें कथारस का अभाव है। कहानी में कहानीपन की कमी है। 'स्लमडॉग' देखिए। क्या तेज रफ्तार कहानी ऐक्शन से भरपूर है। बॉलीवुडिया कहानी के संयोगों से भरपूर है। कहानी जिस धारावी (स्लम) अपनी पृष्ठभूमि बनाती दिखाती है, उसकी एक-एक डिटेल को दिखाती है, हर कोना दीखता है। यह भारत की शहरी गरीबी है साक्षात्। औद्योगीकरण और आज के ग्लोबलाइजेशन के दौर से मिलकर बनी शहरी गरीबी। जगह की कमी, गन्दगी, जरायमपेशा लोगों के रोगों-दुःखों से यह बनी है। यह अनियोजित जीवन, विस्थापन और लूट का परिणाम है। इसमें तर्क नहीं ताकत काम करती है, चांस काम करता है। डेस्टिनी प्ले करती है।

स्लमडॉग ऐसे माहौल में अपनी लगभग किनारे-किनारे की जिन्दगी को सजाने वाले गरीब बच्चों की कहानी है, जिनमें से एक बच्चा सिर्फ अपनी जिजीविषा के सहारे करोड़पति का इनाम जीत लेता है। यह 'डिजायर' की फाइट है। अमीर बनने के सपने की फाइट है। यहीं उसका चांस, उसका भाग्य काम करता है, तर्क नहीं, ईश्वर नहीं। इस जमाल जैसे चरित्र को हम रोज हिन्दी जीवन में देखते हैं मगर अनदेखा कर देते हैं, क्योंकि उसमें कहीं हम ही होते हैं जो फिर से जमाल हो जाने के डर से बच निकलना चाहते हैं। जमाल जैसा हिम्मती चरित्र हिन्दी में किसने लिखा? कारण वही है : लेखक की आँख नहीं है, दिल नहीं है। वह एक कमजोर दिमाग से काम करता है।

उसकी साहित्यिक दीक्षा नहीं है। हर हिन्दी लेखक का अपना स्लम है, लेकिन वह उसे नहीं देखता। व साहित्य देखता है, उसमें इनाम देखता है, एक मिथ्या यश देखता है। वह साहित्य के 'विषय' नहीं देखता। इसीलिए हिन्दी साहित्य अपनी तरह का एक स्लम है। उसकी कहानी लिखने कोई नहीं आता।

1 मार्च, 2009

हा हा हिन्दी दुर्दशा

अंग्रेजी बिन सब सून! अब तक का जीवन बेकार। उसके बिन नो कम्पटीशन! आज की दुनिया कह रही है : तू अंग्रेजी नहीं जानता, तब तू कुछ नहीं जानता। इस तरह तेरा तो जीना बेकार है।

पचपन-साठ करोड़ की हिन्दी बोलने वाली, बरतने वाली हिन्दी जनता बेकार। उसका कोई भविष्य नहीं, नो फ्यूचर। सारा फ्यूचर अंग्रेजी चर गयी! इतने पर भी संसद में हिन्दी में बहस करने वालों ने अंग्रेजी में जवाब न देने वाले मन्त्री महोदय से कहा कि जनाब हिन्दी के सावाल का हिन्दी में जवाब दीजिए! मन्त्री जी अंग्रेजी में ही बोलने के आदी रहे, लेकिन हिन्दी वाले अड़े रहे। संसद में हिन्दी इसी तरह हो सकती थी। होती रहनी है। आपके लिए हिन्दी वाला जब इतना नान-कम्पटीटिव है तो उसकी क्या सुनी जाए? जिसका कोई फ्यूचर नहीं, उसको क्या लिफ्ट दी जाए?

हिन्दी की हीनता का मारा ये मन अंग्रेजी से उस दिन पंगा लेने को उतावला हो उठा। मगर पंगे की सोचते ही लगा कि यार बात तो समझ! अगर अंग्रेजी रोटी-रोजी की गारण्टी करने वाली भाषा है, सफलता की एक मात्र भाषा है तो जरा ये तो देख कि अंग्रेजी की अपनी दुनिया के क्या हालात हैं और भारत में अंग्रेजी दुनिया का क्या रंग है? हीनता बोध से निकलकर जब सोचा तो पाया कि कुछ दिन पहले ही अमेरिका ने कहा है उसे अपने स्कूलों में हिन्दी पढ़ानी है। उसके लिए हिन्दी दक्ष और पर्याप्त शिक्षक नहीं मिल रहे। सोचते ही गिरते मन को सहारा मिला। अमेरिका तो अंग्रेजी भाषी देश है, वहाँ हिन्दी आ रही है और इधर कुछ इस तरह कहा जा रहा है कि एक अरब से ज्यादा आबादी वाली देसी भाषाओं का, हिन्दी का कोई भविष्य नहीं है।

अंग्रेजी वालों का अहवाल लेने के लिए सोचने लगा तो पाया कि जो दो-चार दोस्त हैं और अंग्रेजी के पढ़े-लिखे कहे जाते हैं।, वे तो बात-चीत में हिन्दी बोलते हैं, घर में भी बोलते हैं और कई बार ज्यादा शुद्ध बोलते हैं। वे किस दुनिया में रहते है? यह विचारने का मन हुआ। माना जा सकता है कि उनका भविष्य सुन्दर ही नहीं होगा, गोल्डन-गोल्डन होगा। लेकिन जितनों को जानता हूँ, उन्हें देख कह सकता हूँ कि गोल्डन-फोल्डन तो नहीं है, हमारे जैसा ही हाल! जैसे हम हिन्दी वाले! वैसे ही वे अंग्रेजी वाले! अंग्रेजी दुनिया उन्हें बराबर की लिफ्ट नहीं देती।

अंग्रेजी एक महत्त्वपूर्ण भाषा है। और इस वक्त पश्चिमी दुनिया की बिजनेस की भाषा भी है। संस्कृति की भाषा भी हैं। ज्ञान की भाषा भी है। यहाँ तक कोई कहे तो ठीक। लेकिन इसके बिना जीवन बेकार है, ऐसी बात कुछ अतिरंजना है। अरे भाई दुनिया के अनन्त-अरबों लोग जो जीवन जीते हैं, वह जीवन किसी मानी में व्यर्थ नहीं है। अंग्रेजी छाप इकोनॉमिक्स पर भरोसा खो रहे हैं। उसका मजाक उड़ा रहे हैं। हिसाब-किताब बही-खातों में अंग्रेजी के ज्ञान के बावजूद, जो कबाड़ा होता रहा, उसकी लीला डरावनी है। देखते-देखते मन्दी आ गयी और अंग्रेजी भाषा-भाषी अपनी ही भूमि में बेकार हो उठे।

तकनीकी ग्लोबल आर्थिकी और ग्लोबलाइजेशन ने अगर एक बिजनेस भाषा की ओर रुख किया है तो जमीनी भाषाओं को भी वह जगह देने को बाध्य हो रहा है, क्योंकि माल जिस बन्दरगाह पर उतरता है और जिस जेब से खरीदा जाता है, वह किसी कन्नड़ किसी बंगला, किसी हिन्दी की जेब है। सोचते अंग्रेजी में हैं। कमाई हिन्दी की करते हैं। रुतबा अंग्रेजी मारती है। अंग्रेजी कितना ही उड़ ले, उतरना हिन्दी या किसी देसी भाषा के अड्डे पर ही पड़ता है। अड्डे को हीन बताकर उसका अपमान कर अड्डे को प्रतिकारी पोजीशन लेने को विवश करना है तो करें।

अंग्रेजी जी! चॉयस त्वाडी ए! तुसी जानो!

दुधारू गाय की दो लातें तक सही जाती हैं। हिन्दी अंग्रेजी सिस्टर को लात मारने को मूड नहीं रखती। वह लात के दौर से बहनापे के दौर तक आयी है। एक बहन आँख तरेरेगी तो क्या जनतन्त्र में दूसरी नहीं तरेरेगी?

26 जुलाई, 2009

किताबों का मेला और हिन्दी का बाजार

हर पुस्तक को एक पाठक तो चाहिए ही। पुस्तक और पाठक का यह सम्बन्ध सांग रूपक ही ऐसा है, जिसमें 'सेक्सिज्म' की गन्ध आती है। यह हिन्दी की अपनी सीमा है कि यहाँ 'पुस्तक' स्त्रीलिंग है और 'पाठक' पुल्लिंग! कोई कहता नहीं पाया जाता कि पुस्तक को पाठिका चाहिए।

स्टॉल में रखी किताबें एकदम अकेली हैं। उनका अकेलापन अस्तित्ववादी नयी कविता और नयी कहानी के अकेलेपन से ज्यादा बड़ा सच है और भयानक है। दूर-दूर तक कोई नहीं दिखता। दिखते हैं तो ऊँघते प्रकाशक और उनके कर्मचारी। लोग उन तक नहीं पहुँच रहे। ज्यादा से ज्यादा यही किया जा सकता है कि मेला लगा दिया जाए। लेकिन अगर कोई नहीं आये तो क्या करें?

कुछ पढ़े-लिखे जन कहते हैं कि हिन्दी समाज अपने विराट् आकार के हिसाब से 'पुस्तक प्रेमी' नहीं हो पाया है, जैसे यह भी 'हिन्दी समाज' का जाना-बूझा अपराध हो।

अन्य भाषाओं में भी हालात कमोबेश ऐसे ही दिखते हैं। 'पुस्तक प्रेमी' का रूपक इस तरह के सवालों का जवाब नहीं सोचने देता। रूपक को जरा आगे दौड़ाइए यहाँ भी पुस्तक स्त्रीलिंगी है, प्रेमी पुलिंगी। यह है हिन्दी भाषा का अपना सेक्सिस्ट ढाँचा, जो पुस्तक को उपलब्ध 'प्रेमिका' बनाये रखता है। यह भाषा किताब को न 'उपयोग' की वस्तु बनने देती है, न 'उपभोग' की। परम प्रेम की तरह वह रूपक पुस्तक को अलभ्य, पूज्य जैसा बनाता है।

मेले, पाठक और प्रेमी के इस चक्कर ने पुस्तक को न एक 'आइटम' होने दिया, न 'वस्तु' बनने दिया, जिसे खरीदा जा सके। न उसे 'उपयोग' की वस्तु माना, न 'उपभोग' की। ऐसे में बताइए इस नितान्त सौ टंक भौतिकतावादी युग में जो चीज न सीधे उपयोग की लगे, न तुरंत उपभोज्य लगे, उस पर कौन पैसा छिड़केगा?

बेहतर हो कि हम पुस्तक को एक बाजारी प्रोडक्ट-आइटम मानें और उसी तरह उसकी व्यवस्था करें। उसके बारे में ऐसे नये ढंग से सोचें। 'मेला' कहने की जगह हम बाजार क्यों न कहें? पाठक को 'प्रेमी' कहने की जगह हम उपभोक्ता/कंज्यूमर/क्यों न कहें? परम पवित्र हिन्दी आत्माएँ यह पढ़कर कुढ़ेंगी कि यह बिन्दास का बच्चा क्या

बक-बक कर रहा है। भला पुस्तक जैसी चीज भी कोई उपभोग की वस्तु है।

लेकिन हिन्दी वाला है। नये ढंग से क्यों सोचे? मेला है तो है। प्रेमी है तो है। कितने बढ़िया शब्द हैं ये! 'बाज़ार', 'उपभोक्ता' ये एकदम घटिया शब्द हैं। हिन्दी में इनका क्या काम?

हिन्दी भाषा की एक बड़ी समस्या उसका यह पिछड़ा शब्दकोष और रूपकोष है जो उसे विकास के रास्ते चलने से रोकता है। हजारों शब्द जो अपने अर्थ खोकर चले आ रहे हैं, चलने दो भई!

मीडिया के बदलाव से इसे सहज समझा जा सकता है। नये मीडिया ने अपने पाठक को परम्परागत पाठक की तरह नहीं पहचाना। उसे वह पाठक की खरीदने की क्षमता और उसके पास उपलब्ध खाली समय के सन्दर्भ में देखता है और अपने मीडिया-ब्राण्ड के पाठक/दर्शक/श्रोता का प्रोफाइल बनाता रहता है।

दिन-रात रिसर्च कराता रहता है। अगर वह बदलते पाठक का प्रोफाइल नहीं जानेगा तो कैसे उसकी आर्थिकी चलेगी?

मीडिया रिसर्च इन दिनों अखबारों के पाठक और टीवी आदि के दर्शकों की प्रोफाइलें बनाती है तो बताती है कि आज का पाठक 'हैवी पाठक'/पढ़ाई पर घण्टे दो घण्टे खर्च करने वाला/नहीं है, वह 'लाइट रीडर'/पाँच-दस मिनट खर्च करने वाला है। यह जिन्दगी से जुड़ी बात है।

उत्तर आधुनिक जमाने में 'लैजर टाइम' और 'प्लैजर टाइम' की मात्रा बदली है और उनका उपभोग स्तर बदला है। रोजमर्रा की जिन्दगी में इतनी भागमभाग है कि किसी के पास बहुत खाली वक्त नहीं बच रहा है। यही हल्का-फुल्का उपयोगितावादी पाठक बन रहा है, जो उपयोगी बात भी कैप्सूल में चाहता है।

पाँच सौ पेज की किताब के रूप में नहीं चाहता है। जिसे पाँच सौ पेज पढ़ने हैं, वह भी होगा, लेकिन वह संख्या में कम होगा और किताब एक तरह से 'कंज्यूमर ड्यूरेबल' है। ड्यूरेबल किताबें खूब बिका करती हैं, लोग खोजकर पढ़ा करते हैं। उनका बाजार है और खूब है।

आज की कविता कहानी ऐसी नहीं है कि दिनों तक काम दे। हाँ समाजविज्ञानों और ऐसे विषयों, मीडिया, स्त्रीत्व, दलितत्त्व, नये विमर्शों के बारे में प्रकाशित किताबों का बाजार है और खूब है, वह बिकता है। उसके पाठक उपभोक्ता हैं।

तो हिन्दी को अपना भीतरी पुस्तक कल्चर बदलना चाहिए, तब शायद बेहतर पुस्तक-बाजार बने।

6 सितम्बर, 2009

दुर्वासा अदा से कोई चकित नहीं

यह होना था। इस पुरस्कार का तिलिस्म टूटना था। भीतर की बातें बाहर आनी थी। अभी और भी आनी चाहिए। जो कवि चुने गए, उनमें से कुछ अब धुने गए है। कुछ आगे धुने जाएँगे। अपनी ही करनी पर कोई पछताता है तो अच्छा लगता है। अपने किये को कोई चण्ठई से निजी रुचि की राजनीति के सहारे सलेक्टिवली गरियाये तो प्रलापी ड्रामा लगता है।

यह समकालीन कविता में अपनी-अपनी कंस्टीट्वेंसीज की फाइट है। चेले तगड़े हो गये हैं। उस्तादों को कायदे से नमस्कार तक कराना भूल गये हैं। साहित्यिक चेलों को लेकर संकट है। भारत भूषण सम्प्रदाय में आपसी कलह है। यह पाँच चयनकर्ताओं का माफिया सा है, जो युवा कविता को चयन करने का तमाशा करता रहा है और दूसरों की जगह खुद ही कहता है कि इस जैसा सम्मान नहीं और जिसे हमने दे दिया, वह साहित्य के इतिहास में जगह बना गया। और फिर उसी को लातस लगाता है। अहसानफरामोशी सुनी थी। साहित्यफरामोशी नया तत्त्व है।

इतिहास का निर्माता होने का किस कदर घमण्ड है कि तीस सातल तक चयन के धन्धे में लगे रहे एक भाई ने पहले से उसे ज्ञात 'एक लगभग विवादास्पद जायजा' ले डाला है। कि उसके चुनो में से कौन काम का और कौन निकम्मा निकला और दूसरों के चुने चेलों में से अब कौन कविता के नाम पर बकवास सा कर रहा है?

'उर्वर प्रदेश-3' के आखिर में एक चयनकर्ता विष्णु खरे का 'जासजा' जिन कवियों को जवाबदेह बनाता है, उससे ज्यादा उन्हें ही जवाबदेह बनाता है, कोई उनसे पूछ सकता है कि महाराज इस गिरावट में अब तक क्यों बैठे रहे और अब अचानक लात क्यों लगाई? अपने ही चुनों को तब सारे अच्छे विशेषणों से नवाजा और अब उनकी आगे की कविता में गिरावट ही क्यों नजर आयी। वे क्या आपको रिझाने के लिए कविता करते? कोई करता है? इतिहास बनाने वालों को इतना तो मालूम होना चाहिए कि इतिहास को आप अपनी टुच्ची रुचि के खूँटे से नहीं बाँध सकते। कवि भला क्यों ऐसे खूँटे से बँधें? और वो भी इस सम्मान से सम्मानित कवि जो अब खुद उस्ताद बन गये हैं। और सम्मानों में आपको पीछे छोड़ गये हैं। अगर आपको गलतफहमी है कि इस उर्वर प्रदेश के कुछ पौधों के मालिक आप थे, आपने ही रोपा

था तो इसे दिल दिमाग से निकाल दें। जिसे कवि बनना होता है बन जाता है। कोई किसी के रोके नहीं रुकता। और आपके कोसने के बाद भी नहीं रुकता। अगर आप अपनी ही रुचि पर नाराज हैं तो यह आपकी अपनी मानसिक समस्या है।

उक्त सम्मान के साथ यह भारतभूषणीय कविता सी हो रही है। हास्य और उपहास वक्रता भूषण की कविता का अपना रंग था। चयनकर्ताओं में एक बन्दा भी मस्त हँसी नहीं हँसता, सब मनहूस हैं। यह टिप्पणी निराशा का आनन्द देती है अव्वल, जो इसमें रहे वे ही किस लायक रहे कि रहते। मामला मित्रता और परिवार से मेलजोल का था कि हो गये। वरना सोचिए सर जी कि आपने या आपके बाकी चार अमित्रों ने हिन्दी आलोचना में अब तक कौन-सा नया मानक स्थापित किया, कौन-सा नया विमर्श बनाया सिवा अपनी-अपनी घटिया रुचियों के? हिन्दी के बीमार एलीट की निजी रुचियाँ जब मानक बनती हैं तो बच्चों की तरह टॉफियों पर झगड़े होते हैं। हिन्दी में चार-पाँच माफिया लोगों के बीच सारे सम्मानों, सारे हिसाब-किताबों में जो सिस्टम बना लिया गया है, वह मानक नहीं है। गलतफहमी निकाल दें हजूर! आप सबके मानकों में हमेशा गैरजिम्मेदार फालतू विशेषणों की मालाएँ गूँथी गयी है। इस छोटी टिप्पणी में आपकी और अन्यों की प्रशस्तियों को धुनने का स्पेस नहीं है। फिर भी बहस के लिए निमन्त्रण है। बताइए भला क्या नया दिया है आपने या अन्यों ने। अन्ततः एक कायर कवि, जो आपकी मार खाकर भी आपका गला नहीं पकड़ता कि क्या बकते हो जी? बौद्धिक रूप से ऐसी मुर्दा पीढ़ी बन चली है कि वह आज के युवा की तरह यह भी नहीं बोलती कि ओए शट अप! या 'तुम्हीं कहो कि ये अन्दाजे गुफ्तगूँ क्या है?'

इस फ्रस्ट्रेशन के जायजे में वे कवि भी ज्यादा नहीं उलझेंगे जो उपकृत रहे हैं। वे चतुर सुजान हैं। वे हिन्दी के उस समकालीन वातावरण को जानते हैं, जिसमें माल काटा जाता है किसी नये कलातत्त्व के लिए बहसें नहीं की जातीं।

कमोबेश यही सम्मानमाफिया कुछ पहले तक श्रीकांत वर्मा सम्मान में खुद बना हुआ था। लेकिन श्रीकांत की सन्तति ने जैसा नाम कमाया उससे और उनकी पत्नी के सांसद ने रहने के बाद उसका क्या हुआ? उस सम्मान के दम तोड़ने के दिनों तक सारे नैतिकतावादी और साहित्य के 'मानक' बनाने वाले जन वहीं बने रहे। तब परिताप नहीं हुआ!

जब रुचियों की फाइट होती है तो हास्यास्पद दृश्य ही बनते हैं। जब सम्मानों के पीछे माफिया के रुचि-हित काम करने लगते हैं, कंस्टीट्वेंसीज बनने लगती है और देने वाले घमण्ड के स्वामी हो जाते हैं। तो डॉग फाइट के सीन ही बनते हैं। सम्मान देना एक प्रकार का पावर डिस्कोर्स है। ये लेन वाले से ज्यादा देने वाले के बारे में बताता है। आपने खुद बताया कि आपका चयन बाद में बेकार निकला? वह क्या निकला यह वो बताएगा, जिसके बारे में कहा, लकिन हम तो पूछेंगे कि आप अगर उनके बाद के

काम का मूल्यॉँकन कर रहे हैं तो करें, लेकिन आप कहते हैं कि वो वैसा क्यों नहीं निकला तो मुक्तिबोध के शब्दों में आपको 'जड़ीभूत सौन्दर्याभिरुचि' में कैद कहा जाएगा।

यह निजी दुर्वासोत्पात है। इस दुर्वासा अदा से भी कोई चकित नहीं हुआ। इसका अफसोस इस लेखक को है। कोई उपेक्षित न माने, इसलिए आपका उर्वर कवर किया है। बहस तो अभी बाकी है।

19 सितम्बर, 2008

हिन्दी दिवस

हिन्दी दिवस के मौसम में हिन्दी सेवी सोचा करते हैं कि कोई संस्थान इस हिन्दी दिवस समारोह पर उन्हें बुला ले। शाल-दुशाले उढ़ाकर उनका मान कर दे। समारोह का अध्यक्ष बना दे।

'जाने-माने' किस्म के हिन्दी साहित्यकार हिन्दी दिवस पर घर से बाहर अक्सर नहीं निकलते। हिन्दी की खाते हैं, लेकिन हिन्दी दिवस अपने आप नहीं मनाते। कहते हैं कि ये सब सरकारी तमाशा है। हम क्यों करें? लेकिन छुटभैये साहित्यकार ऐसी अदा नहीं दिखाते। सारे समारोहों को लपक लेते हैं। ये उदारवादी होते हैं, वे सतत कभी नहीं रहते, अ-सतत रहते हैं। अरे इसी रास्ते से तो बड़े बनेंगे।

राजभाषा अधिनियम के बाद हिन्दी के भाव कुछ बढ़े। तीन सौ चौंसठ दिन अंग्रेजी के होते रहे, लेकिन एक दिन हिन्दी का हो गया। इस अधिनियम के बनने से पहले 'सम्पर्क भाषा' को लेकर संसद में और बाहर भीषण विवाद हुए। संसद के उस वक्त के विवादों में हिन्दी की ताकत उभरकर आयी। उसका विरोध भी गज़ब हुआ। यह विरोध दक्षिण से आया। दिनकर तब संसद में थे। उनके भाषण बहस का हिस्सा रहे। वे भाषा की सांस्कृतिक और वैचारिक बहसें रहीं। अंग्रेजी अटका दी गयी। हिन्दी को राजभाषा का दरजा दिया गया। उदारमना हिन्दी इतने से ही प्रसन्न हो गयी। हिन्दी भाषा का यह एक दिन हमें हिन्दी के दर्द के समाज-मनोविज्ञान में झाँकने का मौका देता है।

सरकारी, अर्धसरकारी संस्थानों (स्कूलों और कॉलेजों में) जो हिन्दी अनुभाग या विभाग होते हैं, उसके भाग इस दिन जग जाते हैं। कुछ बजट मिल जाता है। हिन्दी इस एक दिन सज-सँवर उठती है। अधिकारी जान जाते हैं कि हिन्दी में कुछ हो रहा है, सबको हिन्दी किसी भूले हुए गीत की तरह याद आती है, उनकी भी जिनकी जुबान हिन्दी बोलते जलती है। दो चार बैनर पहले से कहने लगते हैं कि हिन्दी दिवस या सप्ताह या पखवाड़ा आ रहा है। आयोजक गुलदस्तों को 'पुष्पगुच्छ' कहने का अभ्यास करते हैं। मैडमों को वीआईपी को पुष्पगुच्छ भेंट करने की ड्यूटी दी जाती है। उस दिन दफ्तर की दीवारों को पानों की पीकों से लाल करने वाले 'पुरबियों' की पूछ बढ़ जाती है। मानकर चला जाता है कि वे अच्छी हिन्दी वही बोलते हैं। वे प्रायः फोर्थक्लास होते

हैं। लेकिन इस दिन फर्स्टक्लास वाले भी उन्हें भाव देने लगते हैं। उनकी ठेठ हिन्दी होती है, अंग्रेजी से मुक्त और कसी हुई। हिन्दी वालों को पकड़ा जाता है, जो ठीक हिन्दी बोल सकते हों।

सबसे मजेदार और सबसे दर्दनाक पल वे होते हैं, जिनमें प्रतियोगिताएँ की जाती हैं काव्यपाठ होते हैं। कहानी पाठ होते हैं। अनुवाद की प्रतियोगिताएँ होती हैं। इस तरह दफ्तरों में हिन्दी की छिपी हुई 'प्रतिभाओं' को पहचाना जाता है। इस दिन अफसर भी हिन्दी में बोलते हैं और बाकी उनकी हिन्दी की तारीफ करते पाये जाते हैं। सब अपने अपने बचपन में चले जाते हैं।

बचपन के हिन्दी टीचर और किताबें याद आने लगती हैं। उन्हें वो दिन याद आने लगता है कि जब उन्होंने राष्ट्रकवि मैथिलीशरण गुप्त की कुछ कविताएँ पढ़ी थीं और प्रेमचन्द की कहानियाँ पढ़ी थीं और बच्चन की मधुशाला के अंश पढ़े थे, जिसकी कुछ लाइनें कहीं स्मृति में अटकी रह गयी हैं।

हिन्दी के बारे में गाँधी जी की सूक्तियाँ अपनी उस डायरी में देखी थीं, जो उनको कभी मिली थी। बाद में, अपने बच्चे या बच्ची की खातिर उसकी किताब में भवानीप्रसाद मिश्र की 'सतपुड़ा के घने जंगल, ऊँघते अनमने जंगल' की पहली लाइन हिन्दी के नाम पर अब कौंध जाती है। कबीर के कुछ दोहे अब भी रह-रहकर याद आते रहते हैं। 'गुरु गोविन्द दोउ खड़े' वाला दोहा तो पूरा याद भी है। सूरदास का 'मैया मैं नहि माखन खायो' भी कहीं अटका है और तुलसी की 'मंगल भवन अमंगल हारी द्रवहु सो दशरथ अजिर बिहारी' वाली चौपाई इसलिए बची रह गयी है कि बचपन में मुहल्ले के मन्दिर के मानस चौपाई में बार-बार 'स्थाई' की तरह सुना है।

आह! यह हिन्दी दिवस ही है, जो एक दिन उन्हें उनके बचपन की हिन्दी में ले जाता है और अंग्रेजी से 'एक दरजा नीचे होने का दर्द' टीस मार उठता है। हिन्दी कमाई की भाषा बनी है। हिन्दी में पैसा आया है। मीडिया में हिन्दी अंग्रेजी से ज्यादा कमाई करने वाली भाषा बनी है। वह किसी माने में हीन नहीं है। तब भी 'एक दरजा नीचे रहने' का यह दर्द क्यों?

20 सितम्बर, 2009

हिन्दी 'सुखी' साहित्यिक समाज

हिन्दी साहित्य रोगग्रस्त है। लक्षणों की कमी नहीं, लेकिन निदान करने की किसी को फुर्सत नहीं। रोग पर रोग लग रहे हैं, लेकिन इलाज की किसी को परवाह नहीं। बहुत प्रकट लक्षण उस बौद्धिक काहिली का है, जो इस वक्त वरिष्ठ-गरिष्ठ पीढ़ी से लेकर नयी पीढ़ी तक तमाम लेखकों के बीच एक 'वैल्यू' बन चली है। यही साहित्य विलास है। उदाहरण ले लीजिए—हिन्दी कवि कुँवर नारायण को भारतीय ज्ञानपीठ पुरस्कार मिला, लेकिन दुर्भाग्य कि उनकी कविता के श्रेष्ठ तत्त्वों को खोज निकालने वाली एक सच्ची कोशिश तक नहीं दिखी। एक पत्रिका ने कुछ जोई सोई कुछ किया, लेकिन ज्ञान की जिस पीठ का दावा ज्ञानपीठ करता है, उसकी सिद्धि नहीं की गये।

घोषणा हुई। मान लिया गया और बस मान लिया गया। जिज्ञासा की कोई एक लहर नहीं। कुँवर नारायण की कविताई के वे नये पहलू क्या हैं जो एकदम मौलिक हैं? कोई सुगबुगाहट नहीं। उन्हें पढ़ने-समझने की कोई कहीं बेचैनी नहीं! कोई तर्क-वितर्क नहीं।

क्यों?

क्या हम सब जानते हैं कि कविता क्या है और हिन्दी की उस कविता में किसी कवि का अवदान क्या है? क्या इसे सिद्ध नहीं किया जाना चाहिए? कोई नयी साहित्यिक वैचारिक जद्दोजहद कोई कशमकश तो होनी चाहिए थी कि सब मान गये हैं कि बस ठीक-ठाक है, सब सिद्ध है! एक बड़ा कवि तिलकित हो और कोई नयी 'स्थापना' तक न हो!

स्पष्ट कर दूँ कि यह लेखक कुँवर नारायण जी का न स्पर्धी है, न वह कवि है जो उनकी कीर्ति से जलता हो। वे इस लेखक के लिए वरिष्ठ और सर्वथा सामान्य हैं। उन्हें देखकर भला-भला, उदात्त-उदात्त सा लगता है। उनका खामोश, गरिमामय अहिंसक, आभिजात्य उन्हें टुच्चई से बचाता है। उन्हें देख इस लेखक को कभी वितृष्णा महसूस नहीं हुई जो कई औरों को देखकर होती है। न यह लेखक किसी 'क' या किसी 'अ' का ही ताबेदार है कि उनकी खातिर कुँवर जी को 'क्वश्चन' कर रहा हो! अपना कोई खुदा नहीं है, लेकिन तय मानिए कि यह मलाल तो स्वयं कुँवर नारायण जी को होगा कि जिन्होंने दिया, वे अगर इसे जस्टीफाई कर देते तो क्या

बेहतर न होता। कम से कम उन जैसे को तसल्ली होती कि कुछ लोगों ने उनके लिखे को कायदे से पढ़ा तो!

एक कवि का सच्चा दर्द यही होता है कि क्या उसे कोई मन रमाकर पढ़ता भी है? सच है हजारों साल नरगिस अपनी बेनूरी पे रोती है...कोई दीदावर पैदा होता है। कोई उसे सिद्ध करता भी है? यह कवि के लिए जितना जरूरी है उससे ज्यादा 'कविता'/मात्रा के लिए जरूरी है। एक कवि को लोग क्यों तरसाएँ? क्यों मान लिया जाए कि वह वैसा है, जैसा कुछ लोगों ने कहा है? और यह देश के सबसे बड़े, बाइज्जत भारतीय ज्ञानपीठ सम्मान की प्रतिष्ठा के लिए भी जरूरी है।

शरीफों की शक्की इस साहित्यिक बस्ती में हम किसी भी बात पर शक नहीं करते हैं। करते हैं तो उसे व्यक्त नहीं करते। पीठ पीछे गुपचुप घटिया दुरभिसंधियाँ रचते हैं। उठापटक करते हैं और दावा करते हैं कि हम तो साहित्य के जनतन्त्र के रक्षक हैं। बिना बहस के यह जनतन्त्र किसका? कितने दिन का? साहित्य में किसी भी तरह के रचनात्मक शक की गुंजाइश खत्म हो चली है। इतने पिछड़े हिन्दी यथार्थ में इतना अमन-चैन डराने वाला है। गहरे शक सन्देह और भीषण बहसों के बाद किसी एक छोटे से सच की सिद्धि—क्या हिन्दी इसकी हकदार नहीं? और क्या इतने सारे हिन्दी लबार जो हिन्दी साहित्य को पाँच-छह पीढ़ियों के लबालब उर्वरप्रदेशों के हराभरा होने का दावा करते रहते हैं, क्या वे किसी कविता पर, कहानी पर 'तर्क-तथ्य' सम्मत बहस करके सिद्ध करते है कि यह वाकई 'किस दरजे' की है? ऐसा क्यों है कि हर कविता-कहानी एक से विशेषणों से सज्जित होती है और किसी सिद्धि के बिना भी महान् से कम नहीं होती? क्या आपके आपकी परख, आपका साहित्यिक विवेक उसके औजार इतने 'शाश्वत' इतने 'पक्के' और 'आत्मसिद्ध' हैं कि आपको कभी अपने फैसले पर शक नहीं होता? आज की सन्देहवादी दुनिया में इतना आत्मविश्वास क्या मतिमन्दता नहीं? काहिली नहीं? एक कवि सम्मानित होता है और एक लाइन भर का विमर्श उस पर नहीं होता? पिछले ही दिनों साहित्य के दुःशासन ने अपनी नाक काटी। और वह भी गुरूर के साथ। नये कवि अचानक कमजोर बताये जाने लगे। कवयित्रियों को उनके स्त्री होने के कारण सम्मान योग्य कहा। न तब अपने कहे पर, शक था, जब वे 'महान्' थे और न अब है जब अचानक वे कमजोर नजर आने लगे हैं। यह विलासोन्मत्त गोटियाँ खेलना हुआ। क्या हाड़माँस के कवि आपकी गोटियाँ हैं? और हे पाठक! हिन्दी में साहसी कवि नहीं दिखता जो उस दुःशासन को ललकार कर कहे कि आइए बहस करिए? अपनी तुच्छ बीमार रुचियों की निश्शंक तानाशाहियाँ जब आत्मसिद्ध आलोचना बन चलें तो साहित्य में फासिस्टिक वृत्तियाँ पनपती हैं। पनप रही हैं। छोटे निठल्ले माफियों से पनप रहे हैं। बहस की ताजगी उसकी ऊर्जा और किसी सच को सिद्ध की व्याकुलता गायब है। ऐसा निश्चित, ऐसा सुखी हिन्दी का साहित्यिक समाज भला कब रहा? हिन्दी समाज में जितनी बेचैनियाँ हैं, उनका

जरा-सा उत्ताप तक हिन्दी के साहित्यिक-विचार में नहीं दिखता।

जिस तरह शादी के सीजन में दस-बीस-तीस हजार शादियाँ दिल्ली में होती हैं उसी तरह हिन्दी में कर्मकाण्ड होते रहते हैं। कभी किसी को घोड़ी पर चढ़ाया जाता है तो कभी किसी को उतारा जाता। घोड़े के नाम पर गदहे भी चलते हैं। क्या यह हिन्दी साहित्य के मृत्युदल की शोभा यात्रा (मुक्तिबोध) जैसा नहीं लगता? लगता है!

समकालीन गिरावट को बहुत पहले ही भाँप सकने वाले स्वर्गीय रघुवीर सहाय की एक कविता शायद कुछ इस तरह से बात कहती है कि बामन/बामन रहे/बनिया-बनिया रहे/ठाकुर-ठाकुर रहे और हिन्दी में आएँ तो आधुनिक हो जाएँ...जिन्दगी में साक्षात् विकट विमर्श और उनकी भीषणताएँ हैं, तब भी हिन्दी की शामें इतनी गुलजार हैं।

17 अक्टूबर, 2009

भैया समाज की पारिस्थितिकी

हिन्दी समाज क्या है? अनेकों के लिए वह 'भैया समाज' है। हीन, दो दर्जा नीचे का असभ्य, जंगली, बेरोजगार, दूसरे राज्यों को बर्बाद करने वाला है। महाराष्ट्र में वह खतरा है। वह मराठी मानुस के मराठीपन को ओवरटेक करने वाला है। इसलिए उसे वहाँ से निकालो। अबू आजमी ने जब कहा कि वे महाराष्ट्र विधानसभा में हिन्दी में शपथ लेंगे तो महाराष्ट्र नव निर्माण सेना के सुप्रीमो ने कहा कि उनके सदस्य आजमी के ऐसा करने पर उन्हें विधानसभा में वहीं देखे लेंगे। शिवसेना के अखबार ने कहा कि महाराष्ट्र आजमगढ़ का तबेला नहीं है। राज ठाकरे अरसे से हिन्दभाषी लोगों के खिलाफ एक प्रकार का फासिस्टी अभियान चलाये हुए हैं।

हिन्दी क्षेत्र ऐसी धमकियाँ रोज सुनता है। हिन्दीभाषियों पर हमलों की खबरें भी पढ़ते हैं, लेकिन खामोश रहते हैं। क्यों? अन्य राज्यों के अन्य भाषा-भाषी हिन्दी क्षेत्रों में निवास करते हैं, तीर्थाटन-पर्यटन करते हैं, लेकिन हिन्दी वाले उनको पराया मानकर दुश्मन की तरह बर्ताव नहीं करते। क्यों? मणिपुर और असम में कुछ तत्त्व हिन्दी भाषा और उसके भाषियों को खतरनाक मानते हैं, मजदूरों तक पर जानलेवा हमले करते हैं, हत्याएँ करते हैं। हिन्दी वाले चुप रहते हैं, सहते रहते हैं। क्यों? दिल्ली में बिहारियों को लेकर जिस तरह की टिप्पणियाँ कुछ बड़े लोगों ने अतीत में कीं, वे भी जिघांसा भाव लिये थीं। तमिलनाडु और कर्नाटक में हिन्दीभाषा और हिन्दीजनों को लेकर एक विरोध का स्वर बराबर बना रहता है। क्यों? दरअसल, यह हिन्दी भाषा और समाज की सकल 'पारिस्थितिकी' का परिचायक है।

हिन्दी समाज के लक्षण तक स्थिर कर लिये गये हैं। अंग्रेजी एलीट उन्हें 'बीमारू' कहते हैं। यह शब्द बिहार, मध्य प्रदेश, राजस्थान, उत्तर प्रदेश आदि राज्यों के अंग्रेजी प्रथमाक्षरों से बनाया गया पत्रकारीय पद है। प्रदेश के नाम आ गये और बीमार भी बता दिया।

'बीमार' से सबको खतरा होता है। आधुनिक युग में बीमार को त्याज्य माना जाता है। बीमारी से सब डरते हैं। हिन्दी बीमारू है सो बचो। इसलिए हिन्दी हंका ली जाती है जबकि हिन्दी क्षेत्र की सस्ती मजदूर जनता के बिना इन स्वस्थ प्रदेशों का काम नहीं चलता है। हिन्दी के प्रति उनकी उक्त 'घिन' इस तरह सामन्तीय-पूँजीवादी

सांस्कृतिक घिन है जो अशक्त को जीने नहीं देना चाहती। उसका सस्ता श्रम अपने विकास और विलास के लिए चाहिए, लेकिन उनको हक नहीं देना है।

यही हिन्दी और उसके 'अन्यों' के बीच भेद है। हिन्दी वाला सबको अपना सकता है, उसे कोई नहीं अपनाना चाहता है। हिन्दी का बॉलीवुड सबको पसन्द है। महाराष्ट्र को उसकी कमाई पसन्द है, लेकिन हिन्दी वाला पसन्द नहीं। असम में, कश्मीर में, पंजाब में सस्ते मजदूर श्रम बेचकर लाभ दें, ये पसन्द है, लेकिन वे जरा से अच्छे कपड़े पहनकर छठ और दीवाली-होली मना लें तो आफत है। तमिल फिल्में हिन्दी में डब होकर हिन्दी क्षेत्रों में चलें। चेन्नई हिन्दी टीवी-फिल्म डबिंग उद्योग का केन्द्र बने, यह मंजूर है, लेकिन हिन्दी वाले और हिन्दी पसन्द नहीं हैं। यह देख घबराहट होती है कि हिन्दी को लेकर एक प्रकार का अपार्थइड नजरिया विकसित होने लगा है।

हिन्दी हीन है, गरीब है, पिछड़ी है। यहाँ कुछ नहीं है। अशिक्षा है, सड़कें नहीं हैं, कुपोषण है, विकासहीनता है, निवेश नहीं है। यह बराबर की नहीं है। पचास करोड़ से ज्यादा जनता बराबर की नहीं मानी जाती। जो जनता दो सौ से ज्यादा सांसद चुनकर भेजती हो, जिसने सर्वाधिक पीएम देश को दिये हों, वही हीन बता दी जाती है और आज वह आक्रमित भी है।

शायद हिन्दी वाले की गरीबी हिन्दी वाले को सहनशील बनाती है या सहने की सदियों की उसकी आदत उसे सहनशील बनाती है? इसका कारण जो हो, लेकिन इतना तय है कि वह सहनशील है वरना पाँच करोड़-छह करोड़ की आबादियों को अपनी जागीर मानने वाले पचास करोड़ को रोज-रोज अपमानित न करते रहते।

यह लेखक इन विकसित प्रदेशों की तुलनात्मक अन्तर्कथा कहने नहीं बैठा है कि किस तरह विकास के आसमान से बिखेरे गये बीज हिन्दी क्षेत्रों से हमेशा बाहर गिरे। यह अंग्रेजी नौकरशाहों की मेहरबानी रही, अंग्रेजी दिमागों की सोच रही। उदार हिन्दी समाज ने कभी शिकायत नहीं की।

आप ही जरा सोचें कि कल को हिन्दी वाले अपनी सी पर आ गये तो क्या होगा? इस अपनी सी पर आने का एक सीन संसद में पिछले दिनों दिख गया है, जब हिन्दी सांसदों ने एक-दो मन्त्रियों से कहा—मेहरबानी करके हिन्दी में जवाब दें, उन्हें जवाब देना पड़ा। हिन्दी जब अपनी सी करने लगेगी और 'सब की हिन्दी' करने लगेगी तो क्या होगा?

यह लेखक अन्ध-हिन्दीवादी नहीं है। अन्य भाषाएँ भी उसे उतनी ही प्रिय हैं, जितनी हिन्दी। लेकिन हिन्दी को लेकर वह सहज गर्वीला भाव भी रखता है जो अन्यों को साथ मिलकर रहने का हामी है। यही हिन्दी स्वभाव है, जो किसी को पराया नहीं मानता।

हिन्दी समाज भी सब अन्यों के लिए जि-घासा का विषय नहीं है। मराठी से

लेकर मणिपुरी और तमिल आम जनता तक हिन्दी को अपना मानती है, उसे प्यार करती है, लेकिन भाषा के नाम पर भाषागत भेदवादी राजनीति करने वाले हिन्दी विरोधी अपार्थइड भाव यानी नस्लीभेद जैसा कुछ पैदा करते रहते हैं। वे हिन्दी को सांस्कृतिक आखेट का लक्ष्य बनाते हैं। हिन्दी की सहनशीलता ने इस अपार्थइड नासमझी को अब तक उपेक्षित किया है और जि-घासा कामयाब नहीं हुई है। न आगे हो सकती है। हिन्दी समाज बड़ा समाज है। आर्थिक पिछड़ेपन के अलावा उसके पास सब कुछ है। तुलना करने का यहाँ अवकाश नहीं है। यों भी पचास करोड़ जन पाँच-छह करोड़ जनों के चन्द हिमायतियों से अपनी तुलना करके अपने को हीन क्यों करें? और दूसरों को हीन कहना हिन्दी की फितरत नहीं है।

10 नवम्बर, 2009

बढ़ती हिन्दी के नये दुश्मन

यह लेखक भावुक नहीं है, लेकिन राजठाकरे के मनसे के चार विधायकों ने अबू आजमी की हिन्दी के शपथ के समय जो गुण्डागर्दी की है, उससे हर सजग हिन्दी वाला क्षुब्ध हो सकता है और इस मानी में यह लेखक भी क्षुब्ध महसूस करता है। इस सात्त्विक क्षोभ में वह अकेला नहीं है। यद्यपि वह यह भी जानता है कि हिन्दी को आखेट करने की तमाम घटनाओं में हिन्दी के साहित्यकार शर्मनाक मौन साध लिया करते हैं।

अच्छी बात यह रही है कि हिन्दी के नाम पर सीना तानकर एक व्यक्ति अबू आजमी खड़ा हो गया। और सारी जानलेवा धमकियों के बावजूद वह हिन्दी में शपथ लेता है और इस तरह हिन्दी के नये दुश्मनों को ललकारता है। वह रातों-रात हिन्दी समाज का एक हीरो-सा बन जाता है। उसकी यह भाषा-वीरता तब और भी आकर्षक बन उठती है, जब हम देखते हैं कि चन्द फासिस्टों के सामने हिन्दी का झण्डा बुलन्द करने वाला एक मुसलमान है, जो हिन्दी के लिए जान की बाजी लगा रहा है। यह अबू की हिन्दी की जाबाज प्रतीकात्मकता है, जिसमें राज ठाकरे के दुरभिमान को एक चोट जरूर लगी है। साफ-साफ कहें तो राजठाकरे का ऊँट हिन्दी के पहाड़ के नीचे आया है और मीडिया ने भी इस ऊँट को उसकी औकात बताने की कोशिश की है। अँग्रेजी मीडिया जो हिन्दी को लेकर कभी सदय नहीं रहा है, उसने भी हिन्दी बोलने पर की गयी एक विधायक की पिटाई अस्वीकृत किया है, उसकी निन्दा की है।

यह महाराष्ट्र को, मराठी भाषा को, उसके इतिहास को फासिस्टी मोड़ देने की साज़िश है, इसीलिए मामला वोट भर का नहीं है। मराठी जन की चित्तवृत्ति को अपने ढंग से अनुदार बनाने का भी है। मामला इतना भर भी नहीं है। यह भाषाई दंगई और गुण्डई की शुरुआत है। हिन्दी के विरोध में अब तक दर्ज होने वाली ऐसी घटनाएँ किसी एक भाषा की पहचान को किसी दूसरी मित्र भाषा के विरोध में एक हिंसक उन्माद का वातावरण बनाने की कोशिशें हैं। ऐसी घटनाएँ भाषागत रार से ज्यादा भाषागत अस्मितावाद के जातीयतावादी सवालों की ओर इंगित करती हैं।

हिन्दी मराठी के लिए कोई खतरा नहीं है। हाँ राजठाकरे को वह खतरा लगती है। दोनों मित्र भाषाएँ हैं। सब भाषाओं की तरह हिन्दी का जनक्षेत्र बढ़ा है। लेकिन

हिन्दी सबमें आगे-आगे रही है।

हिन्दी का नया विराट जनक्षेत्र पिछले कई दशकों में बनता गया है। भारत का भाषा सर्वेक्षण इस बढ़त को अच्छी तरह दर्शाता है। उदाहरण के लिए हिन्दी भाषा सत्तर से अस्सी और अस्सी से नब्बे और नब्बे से दो हजार एक तक की दस वर्षीय दहाइयों में लगभग सात फीसदी के हिसाब् से बढ़ी है, जबकि अन्य भाषाएँ कम प्रतिशत वाली रही हैं। हिन्दी की यह बढ़त राजभाषा कानून के बाद की है, लेकिन राजभाषा कानून उसकी 'वजह' नहीं रहा, बल्कि यह बढ़त उससे बाहर निजी बिजनेस क्षेत्र यथा बाजार और मीडिया के समान्तर बनी है। सर्वे का एक आँकडा यहाँ देना जरूरी है। भारत के रजिस्ट्रार जनरल के सन् 2007 के प्रकाशित सर्वे में 2001 के आँकड़े कहते हैं कि हिन्दी को अपनी मातृभाषा मानने वाले की सकल संख्या कुल उपलब्ध आबादी में से 422048642 है, जो कि 41.03 प्रतिशत बैठती है, जबकि मराठी के सकल मातृभाषियों की संख्या 71936894 यानी 6.99 प्रतिशत बैठती है। इस आँकड़े की तुलना करके हम आसानी से समझ सकते हैं कि मराठी भाषा के लिए हिन्दी से खतरा खाने वाले लोग भाषाओं के वस्तुगत बदलाव से बन रहे नये जनक्षेत्रों को नहीं जान पाते हैं। न बदलाव के कारणों को समझ पाते हैं और न क्षेत्रीय भाषाओं को हिन्दी के साथ सहज सम्बन्ध में रहने देना चाहते हैं। वे हिन्दी को बिग ब्रदर मानकर उससे डरते हैं और उसका एक मिथ खड़ा करते हैं और फिर उस पर हमला कर अपनी भाषा की संकुचित पहचान को और संकुचित करते जाते हैं और एक प्रकार के भाषागत अपार्थइड के हामी होना चाहते हैं। उन्हें हिन्दी को नीचे करने के लिए अंग्रेजी की शरण में जाना मंजूर होता है। उनका मन हिन्दी से डरा हुआ पेरानायड मन है। इसीलिए हिन्दी कई दिशाओं से अब भी अकारण आखेटित भाषा है। अकारण इसलिए कि हिन्दी ने किसी अन्य भाषा को न दबाना चाहा है, न हटाना चाहा है, बल्कि सच तो यह है कि हिन्दी के समकालीन महामिक्स को सम्भव करने वाली जो सांस्कृतिक महामिक्सी हिन्दी में अन्य भाषाओं को नित्य फेंट रहीं है, उसमें अंग्रेजी, उर्दू, पंजाबी, मराठी, गुजराती, राजस्थानी, तमिल, तेलुगू और पता नहीं किस-किस भाषा और बोली के शब्द मिल रहे हैं और हिन्दी का जायका परिनिष्ठित साहित्यिक जायके से आगे बढ़कर एक ऐसा बन चला है, जिसमें सत्रह भाषाओं और बोलियों का रस एक साथ मिलता है।

अपने आजू-बाजू की ही नहीं, दूर की भाषाओं के साथ साझेदारी हिन्दी का नया तत्त्व है, जिसने हिन्दी को आशातीत बढ़त दी है। इस बढ़त को हिन्दी अपने उस स्वभाव से सम्भव कर सकी है, जो उसे आरम्भ से एक मिश्रित भाषा के रूप में गढ़ता रहा है। हिन्दी इस मानी में एक सतत अपभ्रंश है। अपभ्रंशिता होकर ही वह हिन्दी है और सबकी प्रिय है, यहाँ तक कि राजठाकरे के कथित मराठी मानुस की भी उतनी ही प्रिय है, जिसका उदाहरण बॉलीवुड है। बॉलीवुड दुनिया की नम्बर दो की फिल्म

इण्डस्ट्री है और मुम्बई ही वह महानगरी है, जिसमें राजठाकरे अपनी 'हिन्दी हेट ब्रिगेड' को सक्रिय कर रहे हैं। राजठाकरे शायद नहीं जानते कि बॉलीवुड की कीमत साठ हजार करोड़ से ज्यादा कूती जाती है, इसमें दस-प्रदह लाख मराठी भाषी जन भी किसी न किसी रूप में काम करते हैं। उन्हें शायद इस अरबों-खरबों वाले बॉलीवुड में नित्य निर्मित होने वाले हिन्दी मनोरंजन से कोई परेशानी नहीं है। यही राजठाकरे का भाषावादी उचक्कापन है। बॉलीवुड से मुम्बई की इकनॉमी का एक बड़ा हिस्सा चलता है, सारा ग्लैमर चमक-दमक बॉलीवुड से ही है। हिन्दी वालों ने इस पर कभी आपत्ति नहीं जतायी है कि हिन्दी फिल्मों में मराठी भाषी तकनीशियन क्या कर रहे हैं। क्या राज ठाकरे बॉलीवुड को धमकाकर कहेंगे कि सिर्फ मराठी में पिक्चर बनाओ नहीं तो भाग जाओ। हिन्दी अन्य तमाम भारतीय भाषाओं के, उनमें रहनेवाले तमाम जनों को स्वजन-सुहृद मानती है।

राजठाकरे ने हिन्दी को नहीं मारा है, उसने मराठी के गाल पर ही तमाचा मारा है, सोचना मराठी मानुस को है कि वह राज ठाकरे आदि से अपनी मराठी की सहजता भद्र उदार संस्कृति को कैसे बचाये। इसमें भी हिन्दी ही उसकी सहयोगी होगी।

11 नवम्बर, 2009

हिन्दी विरोध की राजनीति और हिन्दी

महाराष्ट्र विधान सभा में महाराष्ट्र नव निर्माण सेना के कई विधायकों ने शपथ ग्रहण समारोह के दौरान जो 'मराठी' पहचान बनायी, उसमें बर्बरता थी, हिंसा थी, नस्ली किस्म की असहिष्णुता थी और उस नव फासिज्म के नमूने थे, जिसके मिनी हिटलर इन दिनों राज ठाकरे बने हुए हैं। राज ठाकरे खुश हो सकते हैं कि वे अब तक जो चाहते हैं, कर गुजरते रहे हैं। मराठी मानुस के अन्ध गर्व को जगाकर वोट बैंक बनाकर वे अपने मनसे के उन हमलावर विधायकों का सम्मान कर सकते हैं, जिन्होंने अबू आजमी के विधानसभा में हिन्दी में सपथ लेने के दौरान माइक छीना, पोडियम से धक्का देकर हटाया और उनसे हाथापाई की।

निस्सन्देह ऐसे हमलों का उपचार विधायकों का चार साल तक चलने वाला सस्पेंशन नहीं है। असली उपचार कानून को ऐसी सख्ती से लागू करना है, जिसमें एनसीपी-कांग्रेस सरकार बार-बार असफल रही है।

प्रस्तुत प्रसंग में यही कहा जा सकता है कि हिन्दी को लेकर राज ठाकरे की कथित 'वीरता' उनकी कायरता का लक्षण है। उसमें हिन्दी को लेकर एक डर छिपा है। उसमें आत्मविश्वास की कमी है। ऐसी वीरता न तो शिवाजी की वीरता से मेल खाती है और न ही रानाडे से। उसमें एक लफंगई है, गुण्डई है, जो असहमति को किसी कायर की तरह अपने आक्रमण का निशाना बनाती है। अबू आजमी पर हुए आक्रमण ने महाराष्ट्र में हिन्दी के प्रति बढ़ायी और पनपायी जा रही घृणा की राजनीति के नंगे और बर्बर चेहरे को उजागर कर दिया है। बहुत जल्द कांग्रेस-एनसीपी समेत अन्य दल यह ढूँढने लग जाएँगे कि हिन्दी में शपथ लेने की जिद के पीछे अबू आजमी की अपनी राजनीति रही होगी। वह लाइम लाइट में आना चाहते होंगे। हिन्दी में शपथ लेकर और पिटकर वे खबर बन गये। सहानुभूति ले ली और इस तरह अपनी नेतागीरी जमा रहे हैं।

ऐसे सोचने वाले जो भी हों, वे उस पनप रहे और बढ़ रहे फासिज्म को नहीं पहचान पा रहे, जो महाराष्ट्र में मनसे के रूप में उनके नायक राज ठाकरे के रूप में ऐन उनके सामने पैदा हो रहा है।

हिन्दी भाषाभाषी आदमी आज चौतरफा सबका निशाना बना हुआ है। चारों

ओर से आक्रान्त है। असम में वह मारा जाता है, क्योंकि हिन्दी वाला है और गरीब है। मणिपुर में वह पिटता है, क्योंकि वह अपनी रोटी-रोजी की तलाश में जब वहाँ गया तो सब सहता रहा, दो जून की रोटी के लिए। उससे रिक्शा चलवाया। मजदूरी करायी, लेकिन हिन्दी जो उसकी मातृभाषा रही, उसे उससे छीनने की कोशिश की।

ऐसे तत्त्व नहीं जानते कि जिस तरह उनसे कोई उनकी असमिया-मणिपुरी नहीं छीन सकता, उसी तरह वे भी किसी से हिन्दी को नहीं छीन सकते। यह स्थिति उड़ीसा में दिखी, कश्मीर में दिखी, यहाँ हर जगह अक्सर हिन्दी वाले आखेटित हैं। महाराष्ट्र में तो पिछले कई साल से लगातार वे ही निशाने बनाये जा रहे हैं।

हिन्दी को अचानक लक्ष्य बनाने के पीछे वोट की जो राजनीति है, उससे ज्यादा भाषागत घृणा सक्रिय है, जो हिन्दी को ताकतवर जानकर उसे सामने से हटाकर ही चैन पाती है। इसलिए ऐसे भाषागत हमलों में सिर्फ वोट की तात्कालिक राजनीति सक्रिय नहीं कही जा सकती, बल्कि भाषागत पहचान की राजनीति और उसके दावे सक्रिय कहे जा सकते हैं।

हिन्दी गरीब पिछड़े इलाकों की भाषा है। यह निम्न आय वर्गों और जाति समीकरण की नजर से आरक्षण के अन्तर्गत आने वाली जातियों की भाषा है। दलितों और ओबीसी की भाषा है। मुस्लिम अल्पसंख्यकों की भाषा है। यह बड़े सेठों की भाषा या बड़ी पूँजी की भाषा नहीं है।

ऐसी हिन्दी को खतरनाक मिथ में बदला जा रहा है। पहला मिथ इस तरह गढ़ा जाता है—

हिन्दी पिछड़ों की भाषा है। पिछड़ी भाषा है। इसमें कुछ नहीं है। यह भाषा ही नहीं है। यह तो एक बोली है। कुछ विवादीजन तो हिन्दी को नकली भाषा तक कहते हैं और कहते हैं कि हिन्दी भाषा कब थी? इसमें तो बोलियाँ ही बोलियाँ हैं।

मिथ नम्बर दो यह है कि हिन्दी गरीब की भाषा है। इसलिए हीन है। इसके बोलने वालों की हैसियत मजदूर की, रिक्शा भैया की, छोटा काम करने वाले की है। इसलिए हीन है और इसलिए जब हिन्दी वाला कहीं काम करने जाए तो उम्मीद की जाती है कि वहाँ के अपने मालिक की भाषा बोले। नहीं बोलेगा तो पिटेगा। बाहर निकाल दिया जाएगा। जब हिन्दी वाले आरोप लगाते हैं कि ऐसा करने वाले हिन्दी के प्रति अपनी घिनौनी राजनीति करते हैं, जो इस जनतन्त्र में किसी मायने में ठीक नहीं तो अचानक मिथ को बदल दिया जाता है और बड़े भाषाविदों का सहारा लिया जाता है मानों भाषाविदों की हिन्दी विरोधी निज भाषागत राजनीति न हो और वे हिन्दी को तटस्थ भाव से देख रहे हों! ऐसे लोग कहते पाये जाते हैं कि हिन्दी भी कोई भाषा है? यह तो बोली है, खड़ी बोली! उसने तो अपने भीतर अनेक बोलियों को पचा लिया है। अगर आप हर बोली को उसकी जगह दे दें तो हिन्दी बचेगी कहाँ? इस तरह हिन्दी एक नकली भाषा है। आप नकली भाषा को लेकर क्या करेंगे। ये लीजिए

असली भाषा यानी स्थानीय मालिक की भाषा।

हिन्दी के प्रति घृणा की राजनीति करने वाले हिन्दी पिक्चर देखेंगे और कई बार उनके निर्माता तक बनेंगे (बाल ठाकरे की पुत्रवधू फिल्में बना रही हैं)। वे चैनल बनाएँगे, अखबार निकालेंगे, जो हिन्दी में होगा और जब हिन्दी वाले को देखेंगे तो कहेंगे कि तू हिन्दी क्यों बोलता है? इससे हमारी मराठी पहचान को खतरा है। इसलिए बम्बई न बोल मुम्बई बोल। अगर मुम्बई छोड़कर कुछ बोला तो जुबान काट ली जाएगी।

हिन्दी को लेकर तीसरा मिथ यह है कि यह किसी अन्य भाषा की पहचान को नष्ट कर सकती है। मराठी या असमिया या मणिपुरी अस्मिता को नष्ट कर सकती है। हिन्दी इस मानी में खतरा है। इसलिए अंग्रेजी का दामन पकड़ो।

हिन्दी कितना बड़ा खतरा है? इसे समझने के लिए पचास-साठ के दशक में संसद में राजभाषा को लेकर हुई बहसों को एक नजर पढ़ने पर मालूम होता है कि जब-जब हिन्दी को उसके सही मुकाम देने की बात आयी है, अन्य भाषा-भाषी खासकर तमिल आदि अन्य भाषाओं के नुमाइन्दों ने (जनता ने नहीं) कहा है कि सम्पर्क भाषा के रूप में हिन्दी लायी जाएगी तो यह थोपना होगा। इसे बर्दाश्त नहीं किया जाएगा। इससे देश टुकड़े-टुकड़े हो जाएगा। तमिल के साथ बहसों में गजब के तर्क रहे। इनमें से एक हास्यास्पद तर्क यह तक रहा कि हिन्दी से अव्वल कोई भाषा ही नहीं। मान भी लें तो कुल सवा सौ साल पुरानी भाषा है, जबकि तमिल पाँच हजार साल पुरानी। इसलिए अंग्रेजी को सम्पर्क भाषा बने रहना चाहिए।

सारा कुछ सिर्फ इसलिए कि हिन्दी को आगे न आने दिया जाए, लेकिन हिन्दी आगे आयी। मीडिया मनोरंजन बिजनेस के उपभोक्तावादी दौर में यह स्वयमपि दूसरों को पीछे छोड़कर बाजार स्पर्धा में जबर्दस्त ढंग से आगे आयी। यह अखिल भारतीय स्तर पर मनोरंजन और सबकी सूचना की भाषा बनी और आज इसकी व्याप्ति किसी भी अन्य भारतीय भाषा से कई-कई गुना है। यही व्याप्ति और फैलाव हिन्दी का अपराध बनाया जा रहा है।

राज ठाकरे एण्ड कम्पनी को खतरा दरअसल उस हिन्दी से है, जो बॉलीवुड में बनती है। उसे बहिरागतों की भाषा से खतरा है। हिन्दी वालों ने कभी इस बात पर ऐतराज नहीं किया कि हिन्दी का मनोरंजन उद्योग मराठियों के पास क्यों है, लेकिन मराठी नेता हिन्दी पर एतराज करते हैं।

अन्ध हिन्दी विरोधवाद खतरनाक है। उसमें भाषाई दगों के बीज छिपे हैं। अगर इस हिन्दी विरोधी उन्माद को न रोका गया तो आगे कुछ भी हो सकता है। सबसे ज्यादा नुकसान मराठी का ही होगा।

11 नवम्बर, 2009

हिन्दी-हिन्दी

बिग बॉस के रीयलिटी शो वाले घर में हिन्दी का बोलबाला है। फिरंगिन क्लौडिया ने हिन्दी बोली है। किचन में अपने फिरंगी सुनहरे बालों को काला करके या शायद उन पर काले बालों का विग लगा के लाल बार्डर की काली साड़ी पहनकर वह नये आये मॉडल नौजवान को आटा गूँथने के गुर सिखा रही थी या सीख रही थी, यह साफ पता नहीं चला। लेकिन उसने हिन्दी में ही बात की। साड़ी पहने वह अकेली 'दिपति दीवारी सी, लग रही थी। उसे मालूम था कि इस घर में आज उसी का दिन है और बाकी सब उसके आगे धुआँ-धुआँ हैं। और बाकी सब भी उसे चकित चोर नजर से देखते थे। तनाज की चटर, पटर ठण्डी थी। रोहित की बकवास और निरन्तर की रैं-रैं बरककरा थी।

बिग बॉस का कैमरा गजब ढाता था। वह कट-टू-कट खेल में था। कभी एक कोण से कभी दूसरे से, तीसरे से वह किचन में ताकझांक करता था और क्लौडिया के सौन्दर्य पर फिदा नजर आता था। कुछ देर तक ऐसा लगा, आप फिल्म की नायिका को देख रहे हों। ऐसी क्लौडिया पर कुर्बान। अचानक कैमरे ने उसके चेहरे के फोकस से उतरकर उसकी कमर को पास से निहारा। काले के बीच यह गुराई चकाचौंध पैदा करती थी। सिर्फ घनानन्द रूपक बाँध सकते थे :

'रूप निधान सुजान सखी जबतें इन नैननि नैंकु निहारे
दीठि थकी अनुराग छकी मति लाज के साज समाज बिसारे'

लेकिन बिग बास के घर में अनुराग की जगह नहीं है। तीन चार दर्जन कैमरों में अनुराग राग कहाँ से आये। कैमरा क्लौडिया की नकली केश राशि पर भी ठहरा। वह यह बताने से लजा गया कि उसके सिर पर रखा यह विग किस ब्राण्ड ब्यूटीशियन ने दिया है। बाद में सोहनी कुड़ी सोफे पर जा बिराजी। उसके साथ आटा गूँथ लीला में मगन नया मॉडल आ बैठा। दोनों में वही कुछ होता रहा जो देवानन्द के उस गाने में बार-बार होता है कि 'आँखों ही आँखों में इशारा हो गया, बैठे-बैठे जीने का सहारा हो गया...'

राजू खाली जगह देख आ बैठा और क्लौडिया को इशारे से कुटनी की तरह बताने लगा कि आज सब तुम्हें देख जल रहे हैं, तुम्हीं तुम दिख रही हो।

ऐसी 'दिपत दिवारी सी' क्लौडिया ने हिन्दी बोलीं। टूटी फूटी बोली। लेकिन हिन्दी बोली। यह डबल डोज थी। एक फिरंगिन तिस पर हिन्दी।

बिग बॉस के घर में हिन्दी चलती है। अंग्रेजी चलती है। राज ठाकरे का डण्डा नहीं चलता। क्योंकि वह बिग बॉस का घर है। राज ठाकरे का डण्डा विधानसभा में, फिर खबरों में हिन्दी पर चला। खबरें फुटेज देती रहीं। अबू आजमी दूर खड़े दिखे। उनसे माइक छीना गया, फिर थप्पड़ तक मारा गया, लेकिन वे हिन्दी में शपथ लेते देखे गये। खबर बीच की चर्चाओं ने हिन्दी के केस को अबू आजमी बनाम राज ठाकरे की राजनीति बना डाला। पचास करोड़ लोगों की हिन्दी अंग्रेजी चैनलों पर गहन चर्चा का विषय कब बनेगी? चैनल हिन्दी की खाते हैं, लेकिन हिन्दी की गाते शर्माते हैं। देख लें। बिग बॉस आइना है कि भारत अगर एक बड़ा घर है तो उसमें सम्पर्क भाषा हिन्दी ही है।

क्लौडिया ने हिन्दी सीखी है, बोली है। राज ठाकरे ने देखा तो होगा। यह हिन्दी का जलवा है जो बिग बॉस में दिखा। बिग बॉस जी जरा संभल के रहिए। हिन्दी सुनकर कहीं राजठाकरे जी आपके घर पर अपना गुस्सा न उतार दें! बिग बॉस टीवी के भीतर टीवी की लीला रचता है।

बिगफाइट ने चीन के साथ 'बिग-पीस' का प्रस्ताव-सा तैयार कर दिया। भूमिका बाँध दी। बुलाये गये दर्शक इतने उदार नहीं दिखे। वे चीने से फाइटिंग के हर प्रसंग पर ताली मारते थे। तिब्बती प्रतिनिधि चीन पर जितना शक करते, उतनी ही विपरीत दौड़ दूसरे लगाते।

सीएनएन आईबीएन ने पुरानी हण्टरवाली नाडिया की 'हण्टरवाली' नामक फिल्म के फुटेज दिखाकर अहसान किया और यह बताकर जानकारी बढ़ायी कि हण्टरवाली अत्याचारियों के ऊपर हण्टर बरसाया करती थी और वंचितों को न्याय दिलाया करती थी।

क्या जमाना आ गया है? पिचासी छियासी में दूरदर्शन ने प्रख्यात व्यंग्य लेखक शरद जोशी के लिखे पहले सुपर हिट सीरियल 'यह जो है जिन्दगी' प्राइम टाइम में दिखाया था। उनकी ही हिट व्यंग्यात्मक कहानियों पर आधारित 'लापतागंज' नामक सीरियल एक चैनल पर दस बजे आता है। तब तक आम दर्शक लापता हो चुका होता है। बची हँसी को राजू श्रीवास्तव चुरा लेते हैं। वन्दे मातरम पर शायद यह दूसरी बार की पीपल चर्चा रही होगी। अल्वी अपनी पार्टी लाइन से भी आगे बढ़कर वन्दे मातरम में 'वन्दे' का नया नरम अर्थ 'प्रणाम' बताकर उसे गाने से परहेज न करने की सलाह तक दे गये। संसद में गाया जाता है यह बता गये। दर्शकों को वे अपने साथ बटोर ले गये। चर्चाओं में जब एक वक्ता अपनी वक्तृता से सामने बैठे दर्शक लूट ले जाता है तो दूसरों की चमक फीकी पड़ जाती है। चर्चा में ताली लूटने का एक ही नुस्खा है आप चुटीले 'वन लाइनर' के खिलाड़ी बनें। मजमा लूटना है तो बात जमाओ, वरना जाओ! टीवी ने यह तमीज सिखा दी है।

15 नवम्बर, 2009

हिन्दी : विवादी संस्कृति

एकदम ताजा दौर वाद की जगह विवाद का है।

पिछले साल हिन्दी में विवाद रहे। सब एक दूसरे के बारे में वाद करते रहे, लेकिन मुँह पर न कह सके। इसे छेड़छाड़ का दौर कहा जा सकता है। जरा-सी छेड़छाड़ और मजे।

इस साल इसी तरह कुछ ने हिसाब बराबर किये। अकादमी कोरिया से करार क्या कर लायी कि हिन्दी के कुछ लोग फिर एक विवाद के इन्तजार में रहने लगे। कुछ ने कहा ये साम्राज्यवाद है। कुछ ने कहा ये मारकेट है। कुछ ने कहा हम गुलाम हो जाएँगे। कुछ ने कहा कि दाम आएँगे। गुलाम दाम आने पर ही आजाद हुए हैं। आने दो।

लिब्रहान आयोग को किसी ने सबसे महंगी रद्दी कहा। हिन्दी के विवादप्रिय जगत् ने जो लुगदी बनायी उसे सात रुपये किलो के हिसाब से रद्दी वाला लेने को तैयार नहीं हुआ। बोला—सरजी इससे मक्कारी की बू आती है। अरे हम रद्दी वालों का भी ईमान है। एक आप जैसे ही पूछ रहे थे। उनके घर की रद्दी उठाओ तो इधर ले आना। उसमें से कंट्रोवर्सी निकालनी है। हम कंट्रोवर्सी नहीं लेते। रद्दी लेते हैं और ढेर में डाल देते हैं। आप को कुछ ढूँढ़ना हो तो ढूँढ़ लेना। वैसे इस जमाने में हर चीज रद्दी ही बनती है।

इन दिनों हिन्दी का मिजाज विवादी है। संवादी नहीं है। अचानक कहीं से कोई एक गोली-गुलछर्रा किसी पर दाग देता है। लोग दागने वाले का हिसाब लगाने बैठ जाएँगे। साला बड़ा उड़ रहा था। मोहन सिंह प्लेस से लेकर हर गोष्ठी में आपस में चर्चा होगी और फिर अगले विवाद का इन्तजार होगा।

हिन्दी इतनी विवाद प्रिय है कि एक लेखक को 'विवादप्रिय' की उपाधि ही दे दी गयी मानो विवाद पैदा करना एक साहित्यिक मूल्य हो। जिस समय बड़े रचनाकार न हो रहे हों, बड़ी रचनाएँ न हो रही हों, उन दिनों विवाद की रचना एक बड़ी रचना ही है। विवाद का एक आकर्षण होता है जो उसमें नहीं होते, वे उसमें होने को मचलते हैं जो होते हैं वे उसमें आकण्ठ डूबना चाहते हैं।

यह साहित्य में मीडिया का असर है या साहित्य के निजपन के मिजाज का असर कि आज का समूचा साहित्य स्तुति या निन्दा के बीच बाँटा जा सकता है। राग, द्वेष,

बैर, मान मत्सर आदि संचारी व्यभिचारी न होकर साहित्य के विषय बनने लगे हैं। आप कुछ भी नया करें तो सब चौकेंगे। चिढ़ेंगे जैसे बच्चे हों फिर विवाद करेंगे। जब कुछ नया न होगा तो बोर होकर कहने लगेंगे कि साहित्य में इतना सन्नाटा क्यों है भाई?

जिसे लेकर विवाद होता है, वह अमर होता है। इतिहास में जगह पाता है। भूगोल को प्रभावित करता है। यह परम मूल्य बन चला है। विवाद में रचनात्मकता की भी शक्ति होती है, लेकिन अगर विवाद मजेखोरी के लिए हो टाइमपास के लिए होने लगे, सिर्फ खिंचाई के लिए होने लगे तो उसमें से रचनात्मकता की शक्ति गायब हो जाती है। विद्वानों के विवादों ने नये-नये वादों को जन्म दिया है। अनाड़ियों के बीच विवाद अनुत्पादक होते हैं।

पिछले साल चले विवाद अपनी अनुत्पादकता के लिए जाने जा सकते हैं। पहले का बन्द होना विवाद बनते बनते रह गया। एक प्रगतिशील पत्रिका का एक अमेरिकी फाउंडेशन की योजना के तहत एक संस्थान से इमदाद लेना विवाद का विषय बना।

प्रगतिशीलता संकट में दिखी तो उसे लौटा दिया गया। एक कथाकार ने अपने जातिभाई से सम्मान ग्रहण किया तो हंगामा हो गया, तलवारें खिंचने लगीं, लेकिन मजा फिर भी नहीं आया।

हिन्दी अकादमी विवाद हुआ तो भी कुछ दिन खिचखिच रही और सब खामोश। संगठनों को लेकर विवाद हुआ तो उसे भी अनाम बरक्स बनाम शैली क्रान्तिकारी बरक्स प्रतिक्रियावादी श्रेणियों के हवाले किया गया।

हिन्दी मूलतः जन संवाद की भाषा है। वह 'कमीने' से लेकर 'थ्री इडियट्स' की भाषा है। कलह के साथ प्यार की भाषा है। रुदन के साथ हँसी की भाषा है। मस्ती की भाषा है। बिंदास भाषा है। ऐसी परम संवादी भाषा में सिर्फ वाद-विवाद हों और संवाद न हों तो यह चिन्ता की बात है। संवाद न होगा तो वाद न होगा। वाद न होगा तो बात कैसे बनेगी? इसीलिए हम इस दौर के साहित्य को विवाद युग कहते हैं।

10 जनवरी, 2010

भाषाओं का बढ़ता बाजार

बिहार के बाढ़ग्रस्त इलाके की एक खबर कहती है कि वहाँ के तालिबपुर के मिडिल स्कूल में पढ़ने वाली एक बच्ची रेणु कुमारी की कामना है कि एक दिन वह अँग्रेजी बोल सके तो वह देश की राष्ट्रपति प्रतिभा पाटिल को बिहार की स्थिति के बारे में अंग्रेजी में बता सकेगी।

मूल रूप से हिन्दी-भोजपुरी बोलने वाली रेणु कुमारी 'स्पोकन इंगलिश' सीख रही है। 'स्पोकन इंगलिश' सिखाने का यह उद्यम एक पायलट प्रोजेक्ट है, जो बिहार एजूकेशन प्रोजेक्ट काउंसिल चला रही है, जिसका लक्ष्य गाँव की बच्चियों को बोलचाल की अंग्रेजी सिखाना है। यह योजना पटना के आसपास के इलाकों में चल रही है। यह चार महीने का पाठ्यक्रम है। इसमें बच्चों को रोजमर्रा में प्रयुक्त किये जाने वाले अंग्रेजी शब्दों को सिखाया जाता है। बीस पेजी पुस्तिका में दस सवाल हैं जिनमें आदतों, रेलवे, बसस्टैण्ड, होटल आदि के बारे में सरल अंग्रेजी में कामचलाऊ पदावली दी गयी है। चार महीनों में बच्चियाँ रोजमर्रा में काम आने वाले कुछ अंग्रेजी वाक्य बोलने-समझने में कामयाब हो जाती हैं। कहते हैं कि यह योजना बेहद लोकप्रिय है। रेणु के अलावा स्वाति, गायत्री खुशबू, रेखा और ज्योति पढ़ने के लिए अपने टीचर के साथ चार किलोमीटर दूर से पैदल चलकर आती हैं, स्कूल में 72 बच्चियाँ रजिस्टर्ड हैं।

इस खबर के साथ-साथ ही एक भाषा-संयोग इस लेखक के साथ और घटा। एक दिन कहीं से उसे एक फोन आया। फोन पर एक महिला अंग्रेजी में बोल रही थी। वह बता रही थी कि उसका एक क्लाइण्ट हिन्दी सीखना चाहता है। क्लाइण्ट का परिचय देते हुए उसने कहा कि वह फार्च्यून पाँच सौ कम्पनियों में से किसी एक टाप कम्पनी में काम करने वाला अमेरिकी है, जिसे हिन्दी सीखनी है और उसकी अपनी कम्पनी भाषा-सेवा भी देती है। उन्हें किसी ऐसे सुधीर हिन्दी-शिक्षक की तुरन्त जरूरत है जो उस क्लाइण्ट को एक खास अवधि में हिन्दी सिखा दे। सिखाने वाले को प्रति घण्टे बीस से तीस डॉलर तक मिल सकते हैं।

पहली खबर हिन्दीवाली बच्ची की अंग्रेजी पढ़ने की लालसा की है तो दूसरी खबर किसी मल्टीनेशनल कम्पनी के इग्जिक्यूटिव के हिन्दी पढ़ने की है। रेणु की इच्छा है

कि वह अंग्रेजी पढ़कर राष्ट्रपति से बात करे, क्योंकि उसे लगता है कि राष्ट्रपति अंग्रेजी में बेहतर समझ सकती हैं। बच्ची को शायद यह ज्ञात नहीं कि राष्ट्रपति हिन्दी खूब बोलती-समझती हैं। अगर उसे मालूम होता तो भी बच्ची कह सकती थी, क्योंकि उसकी समझ में समाज की समस्याओं के समाधान में सहायक अंग्रेजी है, जो बड़े लोगों की भाषा है। अंग्रेजी के बारे में यह आम समझ है। हिन्दी भाषा में अंग्रेजी के इस कदर आने और उसे पाने की बात पर परेशान होने वालों को यह समझ में नहीं आ सकता कि बच्ची रेणु की जरूरत अंग्रेजी उतनी नहीं है, जितनी कि ताकत हासिल करने का वह अहसास है, जिसे 'अंग्रेजी बोलना' ही सम्भव करता है। पापुलर विमर्श में कमजोर को ताकत देने में अगर अंग्रेजी मददगार है तो वह उसे सीख रही है। वह ताकत की भाषा को एक ताकतवर की तरह सीख की दुर्दशा के बारे में बता सके।

उधर अमेरिकी मल्टीनेशनल का कार्यकारी अधिकारी हिन्दी सीखना चाहता है तो इसलिए कि वह जिस उपभोक्ता बाजार में अपनी पैठ बनाना चाहता है उसकी सबसे बड़ी भाषा को समझ सके और इस तरह बाजार को समझ सके, उपभोक्ता के मिजाज, उसकी जरूरतों, उसकी रुचि को सीधे-सीधे समझ सके। अपने वितरण विपणन विभाग पर ही वह निर्भर न रहे। इस तरह से वह कम्पनी और बाजार के सीधे सम्पर्क में रहेगा, उनके बीच के संवाद को समझ सकेगा और जरूरत होने पर हस्तक्षेप भी कर सकेगा। हों सकता है कि कम्पनी पहले से ही बाजार में हो और उसे किसी संकट का सामना करना पड़ रहा हो। सम्भव है कि उसके मौजूदा 'आईआईएम्स' के पास मैनेजरों ने बाजार की प्रकृति को, जरूरत को अपनी अंग्रेजी समझ से 'गड़बड़ा' रखा हो। कम्पनी का ब्राण्ड जमा हुआ होने पर भी पिट रहा हो! ऐसे में सोचा हो कि खुद हिन्दी सीखना बेहतर होगा।

रेणु कुमारी राष्ट्रपति से बात कर सके या न कर सके अथवा बहुराष्ट्रीय अमेरिकी कार्यकारी अधिकारी हिन्दी सीखकर अपने ब्राण्ड को बचा सके या न बचा सके, इन कल्पित सवालों के जवाबों में अपनी कल्पना को भटकाने से बेहतर है कि हम हिन्दी की बच्ची को अंग्रेजी में जाने और अंग्रेजी के आदमी को हिन्दी में आने की परस्पर विपरीत लगती घटनाओं को एक समकालीन भाषागत बदलाव की प्रक्रिया का हिस्सा समझें। रेणु कुछ भी ऐसा नया नहीं कर रही जो भारत में अन्यत्र नहीं हो रहा हो और अमेरिकी कार्यकारी अधिकारी भी वही कर रहा है जो उसके 'अन्य' कर रहे हैं।

दोनों दो किनारों से एक-दूसरे की भाषा को अनजाने क्रॉस करते हैं। यह एक व्यापक प्रक्रिया है जो इन दिनों घट रही है। और हिन्दी के शुद्धतावादियों के न चाहते हुए भी घट रही है। जाहिर है कि भाषा के ज्ञान का नियंत्रण शुद्ध भाषाविदों के पास नहीं होता, बल्कि समाज की जरूरतों और समाज को चलाने वाली सत्ता के पास होता है। ये आर्थिक जरूरतें हैं। इस प्रक्रिया में भाषा के अनुप्रयोग और हेतु बदलते हैं। रेणु का सपना है कि वह अंग्रेजी सीखकर राष्ट्रपति से बात करेगी तो बिहार की दुर्दशा

सुधारने की बात करेगी। रेणु के मासूम मन में अंग्रेजी उसके समाज के आर्थिक विकास की वाहिका है और अमेरिकी अंग्रेजी बोलने वाले कार्यकारी अधिकारी के लिए हिन्दी सीख कम्पनी के लाभ की वाहिका हो सकती है।

स्पष्ट है कि भाषा की जरूरत के हेतु आर्थिक हैं, इसीलिए दुर्निवार हैं। रेणु विकास के लाभ चाहती है और कार्यकारी अधिकारी कमाई चाहता है। दोनों एक-दूसरे से अनजाने भाषा के उपयोग और उपभोग बदलने के कारण दूसरी भाषाएँ सीख रहे हैं। यही वैश्वीकरण की दुर्निवार प्रक्रिया है। यह कहती है कि आप सिर्फ अपनी भाषा में जीवित नहीं रह सकते। अपनी आर्थिक स्थिति को बचाने के लिए अपनी भाषा के साथ आपको दूसरी भाषा में जाना हो सकता है। यही 'द्वयभाषिकता' बहु-भाषिकता की प्रक्रिया है। ये दोनों उदाहरण भाषा को बनाने वाले हैं।

भाषा के उन्नत साहित्यिक उपयोग के लिए भी जरूरी है कि हिन्दी और अंग्रेजी भाषाओं के नये बनते अर्थशास्त्र को समझा जाए। भाषा के बाजार को समझा जाए। खाली पेट से भाषा की जगह 'भाँय-भाँय' निकला करती है।

10 मार्च, 2010

मोबाइल, डीटीएच और भाषा

एक मोबाइल सर्विस प्रोवाइडर कहता है कि अगर आप उसकी सेवा लेंगे तो आपको हर दिन एक अंग्रेजी शब्द और उसका वाक्य-प्रयोग फ्री सीखने को मिलेगा। मोबाइल में अपने आप अंग्रेजी के शब्द आएँगे और आप उन्हें सीखेंगे तो आपकी अंग्रेजी अच्छी हो जाएगी। एक डीटीएच टीवी सेवा प्रदाता भी विज्ञापन देता है कि उसकी सेवा लेंगे तो आपको अंग्रेजी सिखाने वाला कार्यक्रम संग में मिलेगा। आप उससे अंग्रेजी बोलना-समझना जान सकते हैं। दोनों सूचनाएँ टीवी के विज्ञापनों में आती हैं। वे बताती हैं कि उनके कार्यक्रम देखने वाला वर्ग अंग्रेजी सीखना चाहता है। जो माध्यम उन्हें आसानी से अंग्रेजी दे दे, वे उसे चुन सकते हैं। उनके ग्राहक बन सकते हैं।

अंग्रेजी ताकत की भाषा है। सत्ता की भाषा है। तन्त्र की भाषा है। सबके विचार तमाम मामलों पर अलग-अलग हो सकते हैं, लेकिन इस बात पर सब एकमत दिखते हैं कि जिन्दगी में आगे बढ़ने के लिए, सफल होने के लिए अंग्रेजी आना जरूरी है।

इन दिनों दो बड़े माध्यम समाज में सबसे ज्यादा प्रभावशाली हैं। टीवी तो है ही मोबाइल भी कम नहीं है। और जब से मोबाइल में टीवी इण्टरनेट आया है, तब से मोबाइल टीवी को अपने में शामिल कर के 'टू-थ्री इन वन' हो गया है। वह अधिक पकड़ बनाने वाला साबित हो रहा है।

टीवी पारिवारिक माध्यम है। स्थिर माध्यम है। एक से अधिक का माध्यम है। मोबाइल निजी है। अकेले का माध्यम है। युवा वर्ग का माध्यम है। वह जोड़ने वाला है। टाइम को 'टाक टाइम' में बदलने वाला है। संवाद कराने वाला है और सम्पर्क कराने वाला है। उसी में एक सूचना की तरह आपको अंग्रेजी का नित्य एक शब्द मिलेगा, जिससे आप अंग्रेजी-सीख सकते हैं। अकेले-अकेले।

घर-परिवार में टीवी देखेंगे तो उससे नहीं सीख सकेंगे। घर में बैठकर टीवी से आनन्द लिया जाता है, सीखा नहीं जाता। टीवी विजुअल्स का माध्यम है जबकि मोबाइल आवाज और अक्षरों का। टीवी मनोरंजन का माध्यम है। जबकि मोबाइल सूचना का, संवाद का। अक्षर ज्ञान अक्षर के माध्यम मोबाइल से आसानी से हो सकता है। टीवी के चैनल घर के सदस्य बदलते रहते हैं। जबकि मोबाइल आपके हाथ

में रहता है। उसे आप ही बन्द कर सकते हैं।

यह पहली बार है कि नये माध्यम अंग्रेजी भाषा के टीचर बनकर सामने आ रहे हैं। इससे पहले भाषा को लेकर माध्यमों में कुछ कार्यक्रम आते रहे हैं। अंग्रेजी के कार्यक्रम 'माइंड योर लेंग्वेज' की तर्ज पर हिन्दी में पंकज कपूर की प्रसिद्धि वाला 'जुबान संभाल के' आता रहा है जो हिन्दी सही बोलना न जानने वालों को सही हिन्दी बोलना सिखाने वाला था। वह बन्द हो गया। यह बात भी दस साल से ज्यादा पुरानी हो गयी। इन दिनों एक मनोरंजन चैनल पर 'हिन्दी हैं हम' नाम से एक सीरियल आता है, जिसमें एक ऐसी लड़की की कहानी है जो अंग्रेजी नहीं जानने के कारण हीन समझी जाती है। उसकी शादी की समस्या है। लगता है, अंग्रेजी की कमी ने उसकी शादी रोकी हुई है। अगर वह अंग्रेजी जानती होती तो शादी हो गयी होती।

मीडिया में 'माध्यम' के अलावा एक 'विषय' के रूप में भाषा के सवाल उठते रहे हैं। 'एक दूजे के लिए' फिल्म में तमिलभाषी लड़के और हिन्दीभाषी लड़की के बीच का प्यार आसानी से स्वीकृत नहीं हो पाता और इस प्यार का अन्त त्रासदी में होता है। यह फिल्म दो होस्टाइल भाषाओं के बीच संवाद पैदा करने का रूपक भी थी, जिसमें तमिल हिन्दी मिलकर 'तिंदी' सी बनती थी। इससे पूर्व 'पड़ोसन' फिल्म में तमिल का मजाक उड़ाया गया था जो पचास-साठ के दशक के बीच तमिल के हिन्दी से तनाव भरे सम्बन्धों का 'प्रतिशोध' था। 'चुपके-चुपके' में भाषा के शुद्धतावादियों का मजाक उड़ाया गया था। लेकिन किसी फिल्म ने हिन्दी को हिन्दी की तरह किसी वर्ग के लिए जरूरी नहीं बनाया, न बताया। न टीवी ने ही यह चाहा कि किसी को 'सही हिन्दी' सिखायी जाए।

टीवी चैनलों की अपनी हिन्दी माशाअल्ला है। कहीं मात्रा है, कहीं उच्चारण। टीवी का इतिहास बताता है कि हिन्दी शुरू में सूचना समाचार का माध्यम बनते-बनते अचानक नब्बे के आसपास मनोरंजन का जबर्दस्त माध्यम बनती चली गयी। टीवी ने अपनी हिन्दी नहीं बनायी। उसने फिल्मों और अखबारों से लेकर कामचलाऊ फटाफटिया बोलती हिन्दी बनायी। उसमें रंजकता का तत्त्व बढ़ा और वह मनोरंजन का पर्याय बन गयी। इस तरह वह सर्वसुलभ एक आसान भाषा हो गयी जो किसी को भी नाचते-गाते आ सकती है।

उसका बाजार बढ़ा, लेकिन उसे 'सही सीखने वालों' का बाजार न बना। हिन्दी का व्यापक वातावरण उसे उपभोक्ता की भाषा बनाता रहा, लेकिन उपभोक्ता को 'हिन्दी का उपभोक्ता' नहीं बनाया जा सका। हिन्दी का स्वतन्त्र भाषा उपभोक्ता बनाना कठिन भी था, क्योंकि हिन्दी एक सहज उपलब्ध भाषा थी। सहज उपलब्ध चीज 'घर की मुर्गी दाल बराबर' होती है।

अंग्रेजी को सिखाने वाले उक्त दोनों प्रयोगों को देखकर कोई भी हिन्दी प्रेमी अंग्रेजी की बढ़ती ताकत को महसूस करेगा, लेकिन वह नहीं सोचेगा कि मोबाइल या

डीटीएच/सेवक ने हिन्दी को 'सही हिन्दी सिखाने' को अपना पैकेज क्यों नहीं बनाया?

इसलिए कि सही हिन्दी सीखने की चिन्ता किसी की चिन्ता नहीं है। चलती का नाम हिन्दी है, इसलिए सही-गलत एजेण्डे में नहीं है। न हिन्दी बोलने वालों को चिन्ता है, न उसके पढ़ने-पढ़ाने वालों को। लेकिन जो 'गैर-हिन्दी' हिन्दी सीखने वाले हैं। जिनकी संख्या लगातार बढ़ रही है, उन्हें सही हिन्दी सीखने की जरूरत है। कई अमेरिकी संस्थाएँ सही हिन्दी सिखाने के लिए काम करने लगी हैं। हिन्दी की अपनी संस्थाएँ सही हिन्दी सिखाने के लिए नयी तकनीकों के प्रयोगों से अक्सर परहेज करती हैं। वे हिन्दी लिखना-बोलना सिखाने के साफ्टवेयर बनाने की तैयारी नहीं करतीं। अच्छी अभ्यास पुस्तिकाएँ तक नहीं मिलतीं।

प्रवासी भारतीय सही हिन्दी सीखना चाहते हैं। उनके लिए ऐसी भाषा शिक्षण की पैकेज सेवाएँ उपयोगी हो सकती हैं, बशर्ते कोई तैयार करे। लेकिन करे कौन? साहित्यिक जनों को विवादों से फुरसत नहीं। हिन्दी जनता को अपनी भाषा को सटीक बनाने की जरूरत नहीं। एक अस्थिर लगातार नाचती-गाती-बोलती भाषा में अभी वह रूप की स्थिरता नहीं है, जो अंग्रेजी में है। न वैसे पक्के कोश हैं, जैसे अंग्रेजी में हैं।

जिस दिन मोबाइल या डीटीएच जैसे सूचना सेवा प्रदाताओं को हिन्दी के शिक्षण का बाजार बनता दिखेगा, वह सेवा देने कूद पड़ेंगे। अंग्रेजी के नाम से चिढ़ने से बेहतर है कि सही हिन्दी के पैकेज विकसित किये जाएँ। 'सही हिन्दी' का बाजार है। वह हिन्दी का अगला ऐजेण्डा है। उसे पहचाना नहीं गया है। सही अंग्रेजी फ्री सिखाने का दावा करने वाले उक्त विज्ञापन हमें इधर सोचने को विवश करते हैं।

21 मार्च, 2010

हिन्दी में आयी नयी शब्द सम्पदा का उपयोग शास्त्र

हिन्दी खतरे में है। हिन्दी वाला हूँ, खतरा शब्द सुनने का आदी हूँ।

हिन्दी में युगों से खतरे की घण्टियाँ टनटनाती हैं। घण्टी जितनी बजती है हिन्दी उतनी ही बढ़ती है। हिन्दी और खतरे का ऐसा मनोरंजक सम्बन्ध देख लगा कि खतरावाद हिन्दी का अपना खेल है।

'खतरा' हिन्दी की शब्द सम्पदा को बढ़ाने वाला केन्द्रीय तकनीकी पद है। सगोत्री शब्द भी है– 'संकट', 'समस्याएँ', 'असल मसले', 'असल मुद्दे', 'समाज', 'सामाजिकता', 'कमिटमेंट', 'प्रतिबद्धता', 'संघर्ष'।

खतरे का मतलब क्या है? किससे है? कब तक है? चार सौ चालीस बोल्ट का है या बारह-चौदह हजार बोल्ट का है? करण्ट मारता है या तुरत भस्म कर देता है? आपने ऐसे मार्मिक सवाल किये नहीं कि हिन्दी वाले ने आपको भस्म किया नहीं!

हिन्दी में इसी तरह कुछ भद्र शब्दसम्पदा भी प्रचलन में आयी है।

'यह समय', 'इधर का समय', 'आज का समय', 'इनका समय', 'उनका समय', 'विनका समय', 'इसका समय', 'विसका समय', 'नया समय'....।

कोई किसी से नहीं पूछता 'भइया ये किनका समय आ गया है?' हिन्दी वालों ने 'समय आना' को भी 'साहित्यिक' बना डाला है। सबका 'समय आता' है। सब जाते हैं साहित्य का समय भी आता रहता है। नियमानुसार साहित्य भी जाता रहता है! सो यह 'आते जाते' का साहित्य है। समय ही उसके 'आने जाने' का है। साहित्य श्मशान घाट पर सो रहा है। यह 'समय' की अर्थसम्पदा है।

हिन्दी में 'वरिष्ठ लेखक', 'वरिष्ठ आलोचक', 'वरिष्ठ कवि' मिलते हैं। कनिष्ठ कहते ही कनिष्ठ सारे वरिष्ठों की वरिष्ठता की इतिश्री कर देगा! हिन्दी में दुधमुँहे भी वरिष्ठ जी हैं।

किसी भी भाषा के साहित्य में किसी विशेष कालखण्ड में कुछ शब्द अक्सर इस्तेमाल किये जाते हैं। वे उसके 'फैशन' और 'फैड' होते हैं। उन्हें लिखे बोले बिना उस साहित्य की पहचान नहीं बनती। जिस तरह कम्युनिस्टों के लिए 'कामरेड' है।

जिस तरह संघ के लिए 'भाई जी' है, उसी तरह हिन्दी में 'खतरा जी' है। कहीं खतरा लिखा देखें तो समझिए हिन्दी हो रही है।

हिन्दी का खतरानुभव विशाल है। इसी से उसका शब्दकोश बना है। अंग्रेजी से खतरा तो परमानेण्ट सा हो गया है। 'बहुराष्ट्रीय' से खतरा है। कभी पिक्चरों से था, अब टीवी से है। फैशन से है। उपभोक्तावाद से है। हर 'नये' से खतरा है। हर नया खतरनाक लगता है। कितने गिनाऊँ?

हिन्दी में अब खत नहीं लिखे जाते, खतरा लिखा जाता है!

हिन्दी में बहुत से 'गर्व' रहते हैं। हिन्दी में अनन्त 'पर्व' रहते हैं। हिन्दी में लोक है। लोक में 'जोक' नहीं है। इस 'शोक-शौक' में हिन्दी आईआईसी में 'आइसी' से निकलकर 'हेबिटेटी' में 'हे! बिटिया' हो, रो रही है। 'आइसी'-'हे! बिटिया हिन्दी 'हिन्दी-गर्व', अधिकंतु 'अंग्रेजी पर्व' के मिक्स में 'आजा नच ले' नाचती है। 'हे बिटिया' होते ही हिन्दी की 'हिं' अंग्रेजी की ग्रेजी से मिल 'हिंग्रेजी' करती है। यू नो हाँ हाँ आई नो ना ना, 'या या' यप यप'। गप गप। सप सप।

हिन्दी वेदना संवेदना की भाषा है इसीलिए हिन्दी में 'वेदना निग्रह रस' का महत्त्व रहा है। खतरे से वेदना हो तो जनाब वेदना निग्रह रस की खुराक लीजिए। खतरे के साथ दिन में तीन बार लीजिए। खतरा गायब। वेदना गायब।

समकालीन इधर हिन्दी में कुछ नये बिन्दास शब्द आये हैं। 'कूड़ा', 'कचरा', 'हरामी', 'कमीना', 'गन्दा', 'खर', 'चोर' 'नक्काल', 'मुफ्तखोर', 'महाझूठा', 'निकम्मा', 'मक्कार', 'दो टके का', 'कसाई', 'बकरा', 'मुर्गा', 'मच्छर', 'कीट', 'पतंग', आदि इत्यादि। ये 'एमसी-बीसी' वाली गालियों के आगे पीछे प्रयुक्त होते हैं। ये शब्द वाचिक और कुछ आहार्य में प्रकट होते हैं।

साहित्य के बच्चा लोग इन नये विशेषणों का वाक्यों में सटीक प्रयोग करें। सही प्रयोग करने वाले को इनाम दिया जाएगा। हालाँकि माना यही जाता है कि इसका गलत इस्तेमाल करने वाले ही अभी तक पुरस्कृत होते रहे हैं।

21 मार्च, 2010

हिन्दी की तोंद पर एक शोधपत्र

साहित्य में काव्यांग विचार हुआ है। अफसोस की बात है कि उसमें तोंद जैसे बुनियादी अंग पर विचार नहीं हुआ जबकि तथ्य बताते हैं कि हिन्दी की तोंद है।

कई प्रमाण ऐसे भी मिले हैं जो बताते हैं कि तोंद ही कविता का घर है। दिल और दिमाग की जगह, अनुभव और ज्ञान की जगह, कल्पना और बिम्ब की जगह, अलंकार और छन्द की जगह कविता की आत्मा तोंद में ही निवास करती है। हर कविता का पता उसकी तोंद पर लिखा होता है।

एक अमेरिकी विश्वविद्यालय के 'बायो-लिटरेचर' के एक प्रोफेसर मीनकमीन साहित्य में बायो के अन्तर्गत वायुविकार के कारकों की खोज करते हुए चकित करने वाले नतीजों पर पहुँचे हैं कि साहित्य बायो से सम्बद्ध है। साहित्य में जो वायुविकार रहता है वह साहित्य की तोंद के अस्तित्व के कारण होता है। जब तक तोंद है, तब तक वायु विकार है। अगर तोंद खत्म कर दी जाए तो वायुविकार अपने आप समाप्त हो जाता है, साहित्य स्वस्थ हो जाता है।

उन्होंने सप्तदीप नवखण्ड में सभी वर्ग जाति के हजारों साहित्यकारों और रसिकों से बात की और पाया कि यह विकार 'एशियन मोड ऑफ प्रोडक्शन' का एक तत्त्व है, यह यहीं ज्यादा पाया जाता है।

प्रोफेसर साहब ने बताया है कि उन्होंने हिन्दी कवि रघुवीर सहाय की कविता की एक लाइन से 'साहित्य में तोंद' खोजने का आइडिया निकाला। रघुवीर सहाय की वह प्रेरक पंक्ति थी–

'मैं लोगों को उनके नाम से नहीं
उनकी तोंद से पहचानता हूँ।'

जिस समाज में तोंद मनुष्य की पहचान का इतना निर्णायक चिह्न हो, उसके कवि उनकी कविता इस तत्त्व से वंचित नहीं हो सकती। यदि कविता की तोंद के चिह्न खोज लिए जाएँ तो कविता का सूमचा काव्यशास्त्र बदल सकता है। यह सुपर-उत्तर आधुनिक किस्म की स्थापना हो सकती है।

उनके इस शोध के नतीजे चौंकाने वाले हैं।

–हिन्दी में वायु विकार ज्यादा है। इससे हेल्थ खराब रहती है। वह श्लथ,

थका-माँदा, मन्द-मंथर 'मदाक्रांता' से 'शार्दूलविक्रीड़ित' नजर आता है।

—आठों पहर दिखने वाला उग्रभाव, शिकायतबाजी, मार डालो, काट डालो, वर्ग शत्रु, संकट, संघर्ष की खट्टी डकारें आती रहती हैं। वे बताती हैं कि उसका स्थायी 'क्रोध' है। वह अस्वस्थ है। 'बुद्धिनाश' हो चुका है।

—वायु विकार यानी पाचन क्रिया ठीक नहीं है। इसीलिए भारत में फिज़ी ड्रिंक्स ईनो, कोक, पेप्सी ज्यादा चलते हैं क्योंकि वे वायु निवारक हैं। यहाँ तक कि हिंगोली अब ज्यादा बिकने लगी है। हिंगोली हींग से और हींग अफगानिस्तान से और अफगानिस्तान तालिबान और अलकायदा से एक दूसरे से जुड़े हैं। उनकी लीलाओं के कुछ लच्छन हिन्दी में बजरंगी तत्त्व बनकर उभरते हैं। यह तोंद विकार का सीधा परिणाम है।

—तोंद रूपक नहीं है। यथार्थ है। काव्य की आत्मा है। तोंद में रस छन्द अलंकार रहते हैं। तोंद में विमर्श रहते हैं। विचार तोंद का आगार है। तोंद ही से क्रान्ति है। तोंद ही से शान्ति है। 'जैसा अन्न वैसा मन' का अर्थ तोंद से ही सिद्ध होता है। तोंद एक आतंक है।

—हिन्दी धोती-कुरता है। पैण्ट-कुरता है। कुरता तोंद छिपाता है। इसीलिए हिन्दी में कुरता ज्यादा चलता है। हिन्दी का रहस्यवाद यही है।

—तोंद हिन्दी का संकट है। पेट बड़ा। दिमाग छोटा। हिन्दी एक फूली हुई स्थिति है। अकड़ है। आकार है। ताकत नहीं है। जो भाषाएँ ताकत में हैं, उन्होंने अपनी तोंद निपटा दी है।

—जिम-गमन और कसरत जरूरी है। जब से हिन्दी में कसरत, अभ्यास, मश्क कम हुए हैं, विचार विकार बढ़ा है। साहित्य में वैचारिक तेजाब बनता रहता है। कड़वाहट घुली रहती है।

—हिन्दी को रहना है तो 'स्लिम-ट्रिम' रहना है। चंचल फुर्तीली सेक्सी बनना है। एकदम 'थर्टी सिक्स ट्वेंटी फोर थर्टी सिक्स'! मैक्स फैक्टर स्प्रे वाली!

मीडिया तो हिन्दी की आकर्षक सुपरहिट 'फिगर' बना रहा है। उधर हिन्दीवाला साहित्य अपनी फिगर बिगाड़ रहा है। 'हिन्दी की तोंद' पर हुए इस दुर्लभ शोध की यही नसीहत है। फेसबुक पर इसकी प्रोफाइल है।

पढ़ें। समझें। करें।

25 जुलाई, 2010

भाषा 'निज' उन्नति चहे, सब उन्नति को मूल

मेट्रो में घुसते ही अंग्रेजी से मुलाकात हुई। निगोड़ी कह रही थी 'लर्न इंगलिश'। मुझे सीख। सफल होना चाहता है तो मुझे सीख। मेरे पास सफलता का मन्तर है। सफल कर दूँगी। नहीं तो जहाँ का तहाँ पड़ा रह जाएगा।

हड़बड़ी में कोई पच्चीस सीढ़ियाँ चढ़कर ज्यों ही इलेक्ट्रॉनिक चेकिंग गेट से गुजरता, उससे पहले ही अंग्रेजी 'हलो सक्सेस' कहती मिलती। नौ पन्द्रह की मेट्रो न निकल जाए इस चक्कर में ज्यादा ध्यान से अंग्रेजी मैडम को भर नजर न देख पाया। फिर भी वह युवा दिखा जो अंग्रेजी सीखे हुए की सफलता के उदाहरण का स्क्रीन प्रिंटेड फोटो बना था। जो भी था लगता मेरे जैसा ही था। अंग्रेजी मैडम के सफलता का बोर्ड उसे इस तरह से फिक्स किये था कि वह बेहद सफल लगे। उसकी फिक्स खुशी कहती थी कि वह मेरे जैसे उनमें से नहीं है जो बोर्ड के बाहर रह गये हैं।

इस छोटे से दौड़ते-हाँफते पल में वह भी उस बोर्ड में बन्द हो गया था, जहाँ अंग्रेजी अपनी इबारत में सफलता की इमारत बना रही थी। एक पल को लगा कि अंग्रेजी भाषा का बड़ा बाजार है। वह बिकती है। उसके लिए लोग पैसा खर्च करते हैं। हिन्दी खतरे में है। अंग्रेजी छा रही है। हिन्दी जा रही है।

बोर्ड में बन्द वह खुश दिखता लड़का एक सामान्य मिडिल क्लासी लड़का। दिल्ली की किसी निम्न आयवर्ग कॉलोनी में रहने वाला, घर में बृजी, हिन्दी पंजाबी, भोजपुरी, गढ़वाली बोलने वाला, किसी 'घण्टी पब्लिक स्कूल' में अंग्रेजी पढ़ने वाला और किसी तरह अंग्रेजी 'राइम्स' रटकर, अंग्रेजी में गिनती सीखकर, अंग्रेजी के कच्चे पक्के वाक्य रटकर बोलते-बोलते अटक जाने वाला, अपनी बोली पर झेंपता, लेकिन अपनी लंगड़ी अंग्रेजी को जल्दी-जल्दी बोलकर बराबरी करने में हकलाने वाला। जल्दी से खूब पैसा कमाने का इच्छुक वह आम युवा काम की तलाश में अमरीका-यूरोप जाने के लिए लालायित है। उसके सपने तेज और ग्लोबल हैं। कोई है जो उसे वहाँ से पुकारता है। सपनों का देश। सपनों का शहर। अपने वर्तमान से निकल किसी ड्रीमलैण्ड में डालर बनाने का शहर। इस उड़ान में उसे अंग्रेजी रास्ते में मुस्कराती मिलती है। पहले गाँव में मिली, फिर टीवी की हिन्दी में मिली, फिर हिन्दी के अखबारों में नागरी में लिखे अंग्रेजी शब्दों में मिली जिन्हें बोलकर वह देहाती भाव से 'पढ़ी लिखी

सफल मिडिल क्लास' में दाखिल हो जाता था। इस आम लड़की लड़के की जरूरत क्या सचमुच 'अंग्रेजी भाषा' है? या कि वह 'सफलता' है, जिसकी तलाश में वह दिन-रात दनदनाता फिरता है। वह स्पर्धा में पिछड़ गये हीन असफल जीवन की दीन कहानी से निकलकर किसी अमीर कहानी में प्रवेश चाहता है। जो चीज भी उसे आगे बढ़ने में सक्षम कर दे, जो उसे 'उन्नति' दे, जो उसे 'उन्नत' बना दे, उसको लेना चाहता है। आगे बढ़ने की चाहत हमारे युवा की अखिल भारतीय चाहत है। उसकी नजर में 'प्रगति' है।

उसका सपना है। हिन्दी पर खतरा है। ऐसा 'खतरावादी' इस आम युवा युवती के लिए हिन्दी के कवि, कथाकार, समीक्षक, गोष्ठीबाज क्या दे रहे हैं? एक शब्द में कहें तो 'विक्टिमहुड' 'निराशा' और 'भविष्यहीनता'। समकालीन साहित्य में हर भाव, हर चरित्र, हर विचार, निराशा और नकली संघर्ष का है। उससे जरा भी स्फूर्ति नहीं मिलती। अकेले, थकेले, पकेले, साहित्यकार आपस में अंग्रेजी बोंकते हैं। अंग्रेजी की किताबें बगल में दबाये इस युवा जगत् को एक स्वप्नहीन हिन्दी देते हैं। कुछ अंग्रेजी सीख बच्चे दुनिया फतह करने के लिए स्पेनिश, जर्मन, फ्रैंच पढ़ने के लिए लाइनें लगाते हैं जो अंग्रेजी से ज्यादा लम्बी नजर आती हैं। अंग्रेजी सफलता का एक माध्यम है। हिन्दी जिस दिन सफलता का माध्यम बन जाएगी लोग लाइन लगाएँगे। पत्रकारिता, फिल्में, टीवी, रेडियो ने हिन्दी के लिए लाइनें लगवायी हैं। लेकिन कथित हिन्दी वाले भारतेन्दु के पुराने कथन पर अटके हैं–'निज भाषा उन्नति अहै'। अब इसकी जगह होना चाहिए 'भाषा 'निज' उन्नति चहै'। 'निज' की उन्नति सम्भव करने वाली भाषा ही चलती है।

'उन्नति' का मतलब सिर्फ साहित्य नहीं है। कमाई है। भूखे पेट भाषा भी नहीं होती। भाषा का भूख से सम्बन्ध समझिए प्यारेलाल जी!

8 अगस्त, 2010

हिन्दी में रोना-धोना बन्द करो

हिन्दी की वर्तमान स्थिति कैसी है?

हिन्दी का जो विकास है वह उसकी शिनाख्त करता है। पहचान करता है कि हाँ, हिन्दी अब रोने-धोने वालों की भाषा नहीं है। और हिन्दी में रोना-धोना बन्द करो। हिन्दी बढ़ रही है। इसकी नयी समस्याओं को समझो। नयी समस्याएँ हैं आर्थिक विकास की, तकनीकी विकास की, उसके अनुप्रयोगों की। हिन्दी के जरिए रोजगारों को बढ़ाने की और रोटी कमाने की समस्या। ये चीजें आज कान में पड़ रही हैं। अब तक हिन्दी को लेकर सोच विचार रहता था कि हिन्दी हमारी राष्ट्र भाषा है, वह खतरे में है और वह खतरे में है तो हम सब ख़तरे में हैं। तो हिन्दी भाषा को लेकर विचार कम, संस्कृति को लेकर ज्यादा हुआ। संस्कृति उसका 'कॉटेंट' है। भाषा का यानि अगर आप उस 'कॉटेंट' की जगह कॉमर्स पढ़ा रहे हैं तो कॉमर्स हो जाएगा।

हिन्दी भाषा कम वक्त में, कई मंजिलें पार कर लेना चाहती है। जो अँग्रेजी ने 400 साल में पार की है। वे हम बीस साल में पार कर लेना चाहते हैं। उसमें जो हिन्दी भाषा के अपने खाँचे हैं, अपने हाथ-पैर हैं वो टूट-फूट जाएँगे। अगर आप इस पूरी विकास यात्रा में, स्पर्धा में पीछे नहीं रहना चाहते हैं तो टूटेंगे। आप अच्छे धावक के साथ बच्चे को दौड़ा रहे हैं तो बच्चा तो हाँफ जाएगा। लेकिन कभी यही बच्चा उसे पछाड़ भी सकता है। 'थोड़े दिन बाद इसका वक्त है' मैं इस भाव से इस सम्मेलन को देख रहा हूँ। मैं ज़िन्दगी में पहली बार विश्व हिन्दी सम्मेलन में आया हूँ। मैं मानता हूँ कि कम से कम मेले के भाव से यह सबसे सफल सम्मेलन रहा होगा, इसके अपने इतिहास में।

कुछ साहित्यकारों ने इस विश्व हिन्दी सम्मेलन के बारे में तल्ख़ टिप्पणियाँ की हैं? वे नहीं आये। क्यों?

कुल मिलाकर, जमा तीन या चार लेखक हैं, जिन्होंने यह कहा कि हम नहीं जाते। उनमें से दो लेखकों का कारण मुझे मालूम है कि वे अमरीकन वीज़ा के लिए एंबेसी नहीं जाना चाहते थे। कोई उनके 'बिहाफ' पर पैसे जमा कराये। कोई उनके घर तक उनका वीजा पहुँचा दे। पोसपोर्ट भी बनवा दे। अब ये सारे बुजुर्ग साहित्यकार हैं। लेकिन आपको बाहर जाना है तो पैरों में मेंहदी लगाकर मत बैठो। हटा दो मेहंदी।

अरे, औरतें बाहर निकल रही हैं। लोग बाहर निकल रहे हैं। बताइए, यहाँ सत्तर-सत्तर साल की उम्र के लोग आये हैं। वो किसलिए? उनको शर्म नहीं आयी। जिनके हाथ-पैर टूटे हैं, जो विकलांग हैं, वे आये हैं। एक लड़का जे.एन.यू. से आया है। केदार मंडल। उसके दोनों पाँव पोलियोग्रस्त हैं। हमारा स्टूडेंट रहा है। हमने लेक्चरर लगवाया उसे दयालसिंह कॉलेज में उससे अधिक अक्षम तो कोई नहीं होगा। जब वो आ सकता है तो आप क्यों नहीं। लेकिन इनके नखरे हैं। मुझे सर्विस दो मगर मैं हिन्दी के लिए करूँगा कुछ नहीं। यह बात मैं 'विद ऑल ड्यू रिसपैक्ट' कह रहा हूँ। उनके लिए मेरे मन में सम्मान है, पर इस प्वाइंट पर नहीं।

एक और सज्जन हैं। वे यह समझते हैं कि हिन्दी को वे 'डिफाइन' करेंगे। सारा एजेंडा उनसे पूछकर चलना चाहिए। इतना फैलाव है हिन्दी का। विदेश मन्त्रालय की एक स्थायी समिति है। उस स्थायी समिति में जो लोग हैं, उन पर भरोस क्यों नहीं है? मैं मानता हूँ कि इस बार विरोध नहीं हुआ है। विरोध के नाम पर तीन जन हैं, जिन्होंने कहा कि हम नहीं जा रहे। वे विरोध भी नहीं कर पाये। वे यह नहीं कह रहे हैं कि यह गलत हो रहा है। बल्कि यह कह रहे हैं कि जी हम नहीं जा पा रहे हैं। कारण पूछा तो पता चला कि जी कौन लगता लाइन में। इसका मतलब था कि कोई चेला लगता लाइन में। साढ़े चार हजार रुपए जमा कराता। वीजा आपके चरणों में लाकर अर्पित कर देता। ऐसे मुफ्तखोरियों से यह सम्मेलन बचा हुआ है तो कोई नुकसान नहीं है। यही कहूँगा मैं।

विदेशों में हिन्दी के प्रति लगाव, प्यार हम भारतीयों से अधिक लगता है?

प्रवासी मन अपनी 'रूट्स' को लेकर, जहाँ से आया है उसको लेकर बड़ा मोह रखता है। उसकी सारी अवधारणा मोह से संचालित है। वह रक्षात्मक है। हम जो वहाँ के 'नेटिव' हैं, स्थानीय हैं, हमारी समस्याएँ दूसरी हैं। इतनी विराट हिन्दी। हिन्दी पढ़ने वाला सिर्फ मोह करके जीवित नहीं रह सकता। उसे 'स्किल' चाहिए, उसे कौशल चाहिए, भाषा कौशल। और उसकी योग्यता, अयोग्यता से तय होगा कि उसे कितना काम मिलता है। तो वहाँ दक्षता और योग्यता के प्रश्न हैं यहाँ सिंपल, मन के मोह के प्रश्न हैं। इनके द्वारा जो हिन्दी का जय-जयकार किया जाता है वो ठीक है। उनकी भावनाएँ हैं, कहते हैं कि भई हम बाहर पड़े हैं। हम प्रवासी हैं। हम हिन्दी के लिए यह थोड़ा-सा कर रहे हैं। ओ.के., यू डू। लेकिन इस सबसे कुछ नहीं होने जा रहा है। समस्याएँ तो आपके आनी हैं। मान लीजिए किसी देश के भीतर हिन्दी वालों की एक लाख की आबादी है। यह मामूली चीज नहीं होती है। उसके लिए तुम्हारे पास क्या कमी है? तुम बाहर की ओर क्यों देख रहे हो? आज दुनिया ग्लोबल है। रोना छोड़ो, समस्याओं से जूझो भाई। यानी रोना ही एक समस्या है।

वर्तमान में, पढ़े-लिखे हिन्दी तबके की मानसिकता कैसी है?

हम लोगों को बताते रहते हैं कि भइया निकम्मेपन को प्रेम का नाम मत दो।

यह मुफ्तखोरी है, श्रम करो। निकम्मापन नहीं होगा तो प्रेम की भी जरूरत नहीं होगी। कुछ प्रोडक्शन होगा। हिन्दी वाला, पूछो तो हजार सलाह दे देगा, सुझाव के तौर पर। उसे कह दीजिए कि जरा एक सुझाव पूरा कर ला भाई। वह गायब। यह है 'टिपिकल' पढ़ा-लिखा हिन्दी तबका। इस टिपिकल पढ़े-लिखे हिन्दी वाले को ठीक करना पहली समस्या है। ज्यादातर सम्मेलनों में यही आता जाता है और रोता है। और रोने के बाद खाता खूब है। हमारी समस्या यह है और इसे हम निपटायेंगे दस साल में।

किताबों का भविष्य है?

किताबों का भविष्य है। देखिए जो जिल्द बंधी किताब है वो ही किताब नहीं है। किताब—'किताबत' से निकला है। जब उर्दू में हाथ से सुलेख लिखा जाता था। उसे किताब कहते थे। जो पहले यूँ लिखी जाए फिर बाँधी जाए जिल्द में। अतः अगर जिल्द नहीं बँधी हो और इंटरनेट पर उपलब्ध हो तो क्या बुराई है, आज वैज्ञानिक विषयों को पढ़ने वाले, समाजशास्त्रों को पढ़ने वाले बच्चे किताबें नहीं खरीदते। वे इंटरनेट पर जाते हैं। वहाँ ओथर्स की किताबें उपलब्ध हैं ऑन लाइन। लेटेस्ट किताबें उपलब्ध हैं। उन्हें पढ़ते हैं। जरूरत पड़ने पर उसे डाउन लोड कर लेते हैं। फाइल बना लेते हैं। बाउंड फिर भी नहीं कराते। आप ध्यान दीजिए कि किताबों की बिक्री कम नहीं हुई है, बढ़ी है। अगर आँकड़े उठाएँगे तो पता चलेगा कि हिन्दी में भी किताबों की बिक्री बढ़ी है और अँग्रेजी में भी। उसका कारण है कोई भी तकनीक, कोई भी प्रोसेस यदि उपयोगी है तो चलता रहेगा। एक दूसरे को पुष्ट करेगा। जैसे प्रिंट मीडिया ने टेलीविजन को पुष्ट किया तो टेलीविजन ने प्रिंट को। इसी तरह से इंटरनेट प्रिंट को पुष्ट करेगा तो प्रिंट इंटरनेट को। हिन्दी के अखबार आज खूब बिकते हैं। वे इंटरनेट पर भी उपलब्ध हैं। जहाँ वे तीन गुना ज्यादा देखे जाते हैं।

माध्यम बदलने से ज्ञान की प्रक्रिया नष्ट हो जाए, ऐसा तो सम्भव नहीं है। ज्ञान का रूपान्तर हो सकता है, लेकिन वह चीज़ प्रिंट में भी उपलब्ध है। आपको सुविधा है कि डाउन लोड भी कर सकते हो। हाँ अब आप सोचो 'हार्ड बाउंड' में बड़ी सजी-धजी आराम से पढ़ने लायक किताब हो तो, उसे बाइंड करवा लो भाई। वो भी हो सकता है। आज किताब दो रूपों में उपलब्ध है। मल्टीप्लाई कर गयी है। पहले एक ही रूप में उपलब्ध थी। अब तो उसके दो आधार हो गये हैं। एक तो जो बँधी है दूसरी वो जो इंटरनेट पर है। किताब गयी कहाँ, डबल हो गयी किताब।

लेखकों की शिकायत रहती है कि पाठकों की कमी हो गयी है। उन्हें कोई समझता और पढ़ता नहीं।

अभी तक की हिन्दी की सारी समस्या यह रही है, यह माना जाता रहा कि हिन्दी का विकास सिर्फ साहित्यकारों ने किया है। यह नहीं माना जाता कि जनता ने किया होगा। मीडिया ने किया होगा। बिजनेस ने किया होगा। अभी भी माना

जाता है कि साहब वो पत्रकार थे, तब जाकर विकास हुआ। यह रेनेसाँ का पूरा का पूरा लोड है। जनजागरण का लोड था। तब ऐसे लोग होते थे। अब अगर मान लीजिए आज के वक्त में कोई साहित्यकार कह दे कि मैंने अपनी 'आत्मानुभूति' से कविता लिख दी है। लिख दो उसे कोई नहीं पढ़ता है। सिंपल है, उसे सुनना पड़ेगा कि तेरी जितनी अनुभूति है, तेरी जितनी क्षमता है, अनुभव की, उतनी भइया सबकी है। बल्कि ज्यादा है। आज एक बच्चे के द्वारा अकेलेपन का एहसास किस स्टेज पर है वो बच्चा ही जानता है। लेकिन लेखक क्या कह रहा है—मेरी प्रेमिका मुझे छोड़कर चली गयी। वो अपनी बद्तमीजियाँ नहीं देख रहा कि उसने क्या उसके साथ किया है और अब कह रहा है पाठक से कि जी देखो मैं तो मर गया। लड़कियाँ पढ़ने वालियाँ हो गयी हैं। वो पढ़ती हैं तो कह देती हैं कि जी झूठ बोलता है। कौन पढ़ेगा, जी आप मेहरबानी करके अपनी अभिव्यक्तियाँ करते रहिए। कहानी लिखते रहिए। पढ़ने वाले तुम्हारे कहे अनुसार पढ़ेंगे, इसे भूल जाइए। वो चुनते हैं। जैसे आप खाने की कोई चीज खरीदते हैं तो आप क्या चुनते हैं—दाम और उसकी उपयोगिता। किताब के साथ भी यही है सदा से। वस्तु है वो। ज्ञान की उपयोगिता है। ज्ञान की उपयोगिता लम्बी होती है। यह रोज खाई-पी जाने वाली चीज नहीं है। साबनु की बटिया नहीं है कि खरीद ली हफ्ते भर की। खत्म हो जाएगी। एक साथ 10 खरीद लो। यह एक सौ के बराबर है। तो ऐसे में जो हमारे लेखक हैं—हिन्दी में जो शब्द चलता है ना 'निखट्टू', वो हैं। जो यह चाहते हैं कि सारी दुनिया उनके आस-पास क्यों नहीं घूम रही है? ये दुनिया के आसपास घूमें तो इनकी मुक्ति होगी। दुनिया इनके पास नहीं घूमने वाली।

13-15 जुलाई, 2007

□□